U0010996

英國開車 玩一圈

UK

作者・攝影
Edison & Sasa

太雅

別人的邀約，而是為了回應內心的呼喚。

有行動力的旅行，就在太雅出版社！從教你如何旅行，到教你如何圓夢，太雅始終是你的旅途良伴。

一趟充滿回憶的旅行，需要行動力，圓一個夢去完成心中的渴望，更需要行動力。這些旅人，不只是在旅行，更是在找自己；並企圖在旅程畫下句點之後，能確定人生方向，投入他們真正想要的志業，過他們更樂意去過的生活。

圓夢，不是靠衝動，而是一股持續醞釀與增強的動力；也不是因為

如何使用本書 How to use

往格洛斯特

巴斯 Bath　格洛斯特　拜伯里‧牛津

前往下個城市囉！

現在所在城市，與接下來介紹的地區

在水療之都參觀羅馬浴池

巴斯 Bath　格洛斯特　拜伯里‧牛津

粉紅色的線，是我們在城市內開車的行經路線喔

從車子所在的箭頭開始拜訪這個城市

內文中用紫色標示的景點，都會在右邊列出旅行資訊

Track 1

夢想 X 創業 X 旅行

在一趟旅行中，夢想意外的找到了Edison和Sasa，我們開始不務正業的，
開了一家屬於自己的小小店……

Edison　Sasa

所有的故事，
都從旅行開始

一個是交大電信所，另一個是中興外文系，
兩個不同世界的人，居然在圖書館相遇；
一張愛慕紙條讓兩顆心緊緊的靠在一起。
兩個人就這樣子吃遍台灣、走遍台灣，
對於美食、擺盤、食材愈來愈講究，愈來愈專精，
直到在澳洲打工度假時，創業的夢想開始萌芽……

> 兩個人跳脫現狀，遠渡澳洲，
> 體驗生活、享受生活、了解生活

踏上醞釀夢想的旅程

剛當完兵的Edison，跟著外語超強的Sasa前往澳洲。
三年前的打工度假的資訊貧乏，大都不被認同、不被支
持。前往澳洲時，Edsion還被當成怪咖──工程師不做，
跑去澳洲打工度假！

一路上，興趣與生活型態相投的我們沒有什麼不愉快，遇到問
題都剛好可以相互補解決，唯一會有小小爭論的就是吃飯時間
──因為家庭成長的生活背景不同，所以兩人的烹煮食物方式大
不同。

方向感極佳的Edison，善於規畫行程路線，扮演著衛星導航與
導遊的角色。看著地圖我們一起去買菜、一起坐公車到公園看野
生袋鼠、一起邊走邊找路到湖邊看黑天鵝、一起坐熱氣球升空、看
著底下袋鼠跳躍、一起拜訪雨林、擁抱無尾熊、一起去大堡礁深
潛，觀看海中美麗生物。

積極不怕生的Sasa，扮演著讓生活多采多姿的角色。為了可以深
入當地與外國人一起生活，找到了當地屋主，還與德國跟加拿大
室友當成了好朋友；當我們迷路了，就衝去問陌生人正確的路；找
工作時一家一家詢問，並且大聲的說我可以勝任，所以我們找到
很多不同性質的工作。

在打工度假中，找到不一樣的志向與未來

喜愛大自然的我們，在農場工作過，體驗日出而做日落而息的農夫生活，天天有採不完的草莓，除了腰疼，還是腰疼，累慘慘。最後還征服了拔蔥的工作。農場工作讓我們了解到每一個食材得來不易，漸漸的影響我們之後對於食材的重視。

曾幸運的擔任澳洲大堡礁的導遊，帶領著旅客玩遍凱恩斯，學著滿足旅客任何要求，試著讓旅行社認同，從中扮演旅客跟旅行社中間的橋梁，並學著把事情處理的完美、圓融，不留下遺憾。

Sasa曾在超商工作，超商工作讓Sasa學會，忙碌時也要開心的與客人應對，以及當下解決問題的能力與反應。Sasa也在飯店打掃過房間，了解每一個步驟不能馬虎，需謹慎且快速的整理房間。這些造就了回台灣從事餐飲工作時，一個男人Edison背後有一個偉大女人Sasa的事實。

我們從事過餐廳助手，從內場基本的洗碗、切菜、備料、整貨，到用單手拿鍋大火快炒異國美食。影響最深的，是在Casino裡的餐廳做服務生，學到外、內場的種種餐飲概念、經營手法，在外場當服務生，過程中學到如何桌上擺設、引導點餐觀念、讓賓客物超所值，最後做到咖啡調酒吧檯手，工作之餘也常跟經理、老闆聊天，從中學到了管理經營理念，這份工作深深的影響到Edison日後餐飲業的基礎及觀念，也奠定了回台灣從事餐飲業的開始。在澳洲生活工作的一年，讓Edison跟Sasa對未來有了不一樣的想法。

" 開店時，親友都問：
「好好的工程師不當，為什麼跑去做早餐？」

旅行之後，一家屬於我們的小店誕生了

回台灣前，我們前往紐西蘭開車自助環島一個月，體驗大自然的生活。旅行回國後，Edison跟Sasa不務正業，Edison毅然決然的放棄電子產業，理由是Edison有過動而靜不下來，無法好好的坐在電腦前面當一個工程師，Sasa則是無法認同國外業務一個人被當兩個人使用的問題，兩個人決定從最有興趣的行業著手，在國外受過的餐飲訓練，加上自己對於餐飲的摸索，從無到有的開了一家CP值超高的早午餐「Burger Bus漢堡巴士」，室內裝潢以澳洲、紐西蘭為主題的街頭風，廚房工作台以半開放式，且外觀造型是一台巴士，但由於想吸引各層次的客源，販賣的食物從中式的炒麵、蛋餅、午餐便當到西式的義大利麵、超大漢堡、咖啡，可說是一間什麼都販賣的早午餐。

漢堡巴士在台中經營了約兩年，甚至還打算擴店。但是突如其來的大轉變，打亂了我們所有的計畫——承租屋主不願續租，我們四處奔走仍找不到適合經營漢堡巴士的地點。

不過，危機就是轉機，我們開始去思考漢堡巴士未來的經營方向，找尋漢堡巴士的獨特性，而不是現階段隨波逐流的大眾化。我們想，既然名字是漢堡巴士，就應該以漢堡為主攻對象，不可再販賣其他不相關的產品，模糊焦點。但台灣多以美式漢堡為主，互相模仿抄襲。為了找尋自己的一條道路，我們決定利用這段找不到地點的空檔，前往英國找尋靈感。因為我們曾經待過的國家(澳洲、紐西蘭)，曾是英國的殖民地，而這裡又是我們一直嚮往的地方。所以我們決定前往英國，找尋漢堡的另一條血路，找尋英國特色的餐點、當地人的英式漢堡、英式麵包，當地的美食。於是，我們又再次開始了旅行……

Edison

Sasa

{ 你一定要在英國 開車自助的理由 }

英國又不大，開車旅行沒有你想的難

Edison跟Sasa有到紐西蘭開車自助旅行的經驗，我們覺得蜜月旅行可以到夢寐以求的英國開車自助一定很酷！

開始計畫英國自助旅行時，找到的資訊全是從倫敦出發前往某地，當天來回往返同一地方住宿，或是搭火車拖著大行李拜訪英國各地，對於開車自助旅行遊英國的資訊，可說是少之又少，似乎沒人敢這麼做──大家以為開車要開很久、很累、英國很大、人煙稀少、路途遙遠。

但明明英國的土地面積就比紐西蘭來的小！

紐西蘭都被我們征服了，英國怎可能讓我們打消念頭呢？所以更加的讓我們堅定信念，開車環英國不是什麼大問題。但資訊不足的情況下，在出發前半年，我們就熟讀英國地理、城市、相關旅遊資訊，想盡辦法規畫出超完美的蜜月之旅，所以這本書我們也會教你如何在英國開車，有個屬於自己的美好旅行！

自助旅行旅費超便宜，即使預算有限也能玩得超值

很多人去英國旅行，最簡單的方式是，跟旅行團出發，費用10萬元上下，旅遊天數9～11天，通常出國旅行要花這麼多的費用，為何不自助旅行呢？我們的英國開車自助旅行，也抱持著一個月控制在10萬塊台幣左右的花費。

但自助旅行有很多種，有的出國為省外食費，三餐吃泡麵，享受不到當地食物風情；有的專注血拼，跟本忘了當地的美景；有的出國只在乎星級飯店，卻享受不到異國戶外的景致。

對於打算去英國自助旅行的我們，我們喜歡餐廳的美食，我們喜歡血拼過季商品，我們也在意住宿的品質。所以英國自助旅行，美食、血拼、星級飯店，我們都辦到了。且吃好住好玩好為目的，參觀的地點時間又能隨自己安排。

避免拖行李，這要命的事

想去英國各地，唯一的最好方法就是開車。因為我們去紐西蘭開車自助旅行過，知道開車旅行的好處，不用天天拖大行李搭車，行李箱可以放在車上，需要再拿取。若搭交通工具旅行，拖行李旅行是一件非常不方便的事。若遇到月台沒有電梯，拖著笨重的行李真是會哭出來。

說走就走說停就停，
美景永遠不錯過

開車最棒的是，道路旁的美景，說停就停，不會因為搭乘大眾交通工具無法下車而錯過路邊的美景。人生難得重覆旅行同一個國家城市，美景錯過了就無法再重來，Edison跟Sasa抱著這種態度，愛上開車自助旅行。想去看夜景、看雪景，只要有車子，一切好說。開車旅行的另一個好處是，每天的行程時間可任意自行安排，不會因為搭乘大眾工具，造成行程的延遲。

大眾交通工具到不了，
開車就對了

旅行中總有一些很美麗很美麗的民宿、景點，但這些民宿、景點總是在一些大眾交通工具無法抵達的地方，此時開車自助旅行就能抵達。記得旅行紐西蘭時，常常遇到這類似的問題，開車就是王道。果然在英國也是如此，湖區總有美麗的民宿、蘇格蘭高地的景點、郊區的世界遺產、山區的農場等……大眾交通工具到不了，也不知怎麼抵達，開車就可以解決這一切的問題。

快速的前往想去的景點

旅行總是會遇到一些你不感興趣的城市、景點，若搭大眾交通工具，只能一再的轉車轉車，還是轉車，若開車旅行就可以不耗費太多時間，可以很快速的前往感興趣的城市景點，在行程的規畫上會更有效率、更有掌控力。

開車才會
經歷到的事

開車才會經歷到的
美好互動

開車最常遇到的就是迷路，跟著衛星導航走，就是找不到路，當下你對周遭的路況不熟悉，遇到熱心的路人很想幫助你，首先會用說的，讓你了解，若不懂，則會用畫圖讓你明瞭，若還是不懂，就會帶著你抵達。問路同時，可以感受到英國人的熱情助人、與迷路時的一絲絲溫暖。Edison在凱希克(Keswick)找尋卡塞里格石圈(Castierigg Stone Circle)，開了老半天就是找不到石圈，後來尋問路人，經過詳細解說及畫地圖後，才順利的找到石圈。問路找景點是開車與當地人最直接的互動。Edison最常問警察伯伯哪裡有免費的停車場，得到的答案都是滿意的。

開車才會經歷到的
玻璃結冰了

英國白天晚上溫差變化大，在英國發現晚上的低溫會讓車子的擋風玻璃結冰，Edison因為車頭停錯邊，應該要朝向東邊，卻向西邊，導致隔天早上的太陽照不到擋風玻璃，所以就在出發前，擋風玻璃有一層厚厚的冰塊，只好不斷的用熱水擦拭。

開車才會經歷到的
屍體遍地

在英國郊區開車，真的要非常的小心，小心羊出沒，小心牛出沒。Edison開著就不時的看到地上有動物的屍體，記得Edison在英國公路開車時，居然看到鹿躺在路邊，車速很快卻無法回頭確認，拍照留念，這讓Edison飲恨，卻讓Sasa超無言的。

開車才會經歷到
雪堆比車高的畫面

五十年來最大的雪災就這樣子被Edison跟Sasa遇到了，也因為如此，讓我們旅行上更加的小心，體驗到人類的渺小，對大自然的敬畏。雪下得又急又快，路邊的雪堆得比車還高，雙線道變成單線道，這種體驗在台灣是遇不到的，讓Edison又驚又喜！

開車才會經歷到
世界之大，唯我獨行

在英國開車，常常開著開著，後面居然沒有車，前方也沒有車，兩旁如此的安靜，好像這世界停止轉動，只有我存在似的，安靜得有點可怕。此時Edison就會看看油錶，是滿的，哈哈，至少不會求救無門。停下車來，享受一下寧靜的氛圍。

開車才會經歷到
路不轉，人轉

開車跟著衛星導航開，目的地就會順利的抵達。但人在異鄉，遇到前方莫名的塞車，堵了一個小時還是沒動靜時。腦子就會出現，山不轉路轉，路不轉人轉。Edison在小熊維尼村遇到了大堵車，堵了一個半小時，所幸機靈的Edison展現台灣人尋找捷徑的能力，成功的繞進住宅區，縮短塞車時間，再開別條路前往目的地。狗急跳牆的能力瞬間被激發出來。

Track 2

夢寐以求的環英公路之旅，開始了

一次一次我們在旅途中討論到，幸好我們是開車旅行，否則就無法看見那麼多旅遊書上沒有寫的風景，也無法隨時停下來，與這麼多可愛的動物互動親近了……

THE UNITED KINGDOM

● 城市　● 小鎮　★ 景點/地標
----- Edison & Sasa的開車路線

格蘭菲迪 Glenfiddich

奧古斯特堡 Fort Augustus　● 因佛尼斯 Inverness　★ 高地牛牧場 Heatherhills Fold Glenlivet

SCOTLAND

格倫菲南高架橋 ★ Glenfinnan Viaduct　● 威廉堡 Fort William

North Sea

格拉斯哥 Glasgow　● 愛丁堡 Edinburgh　★ 英格蘭與蘇格蘭交界地標

格雷特納·格林 Gretna Green　● 安尼克 Alnwick　● 紐卡斯爾 Newcastle-Upon-Tyne

羊聳牧場 Gilmour Bank Alpacas Farm　★ Gretna Gateway Outlet　★ 北方天使 Angel of the North

凱希克 Keswick　● 杜倫 Durham

NORTHERN IRELAND

格拉斯米爾 Grasmere　★ 噴泉修道院 Fountain Abbey

安布塞德 Ambleside　● 溫德米爾 Windermere　● 約克 York　★ York Outlet

Irish Sea

● 曼徹斯特 Manchester

利物浦 Liverpool　★ Chester Oaks Outlet

契斯特 Chester　● 諾丁漢 Nottingham

ENGLAND

史特拉福 Stratford-Upon-Avon　● 劍橋 Cambridge

WALES　格洛斯特 Gloucester　★ Bicester Outlet

牛津 Oxford　● 倫敦 London　● 坎特伯里 Canterbury

拜伯里 Bibury

巴斯 Bath　● 溫莎 Windsor

巨石陣 Stonehenge

沙里斯貝利 Salisbury　● 布萊頓 Brighton　● 哈德菲爾村 Hartfield

● 蘇格蘭 Scotland

因佛內斯(Inverness)
尼斯湖水怪發現地。

達夫鎮(Dufftown)
蘇格蘭著名威士忌,格蘭菲迪
(Glenfiddich)酒莊。

奧古斯塔斯堡(Fort Augustus)
搭乘船遊尼斯湖。

威廉堡(Fort William)
蒸汽火車出發點,擁有全世界最古老
的水泥高架橋,也是《哈利波特·消
失的密室》拍攝地點。

愛丁堡(Edinburgh)
蘇格蘭首都,世界上最多鬼的城市。

格拉斯哥(Glasgow)
蘇格蘭最大的城市,也是藝術之都。

● 英格蘭北部 Northern England

安尼克(Alnwick)
電影《羅賓漢》及《哈利波特》中的
霍格沃茲魔法學院的拍攝景點。

泰恩河畔紐卡斯爾(Newcastle-upon-Tyne)
英格蘭北部最大城市,且擁有六大美
麗橋梁。

杜倫(Durham)
北英格蘭的聖地。

約克(York)
擁有英國最大的歌德式教堂,且是最
古老的古城。

卡萊爾(Carlisle)
靠近蘇格蘭的邊境城市,以哈德良長
城著名。

凱希克(Keswick)
湖區北部重鎮。

格拉斯米爾(Grasmere)
詩人華茲華斯的故鄉。

安布塞德(Ambleside)
湖區主要的登山城鎮。

溫德米爾&波尼斯(Windermere & Bowness)
湖區最主要的觀光城市。

曼島(Isle of Man)
曼島摩托車大賽的比賽城市。

曼徹斯特(Manchester)
曼聯足球朝聖地。

利物浦(Liverpool)
披頭四朝聖地。

契斯特(Chester)
中世紀城市,充滿白牆面、黑骨架的都鐸式建築。

● 英格蘭中部
Center England

諾丁漢(Nottingham)
羅賓漢的家鄉。

伯明罕(Birmingham)
英國的第二大城市。

劍橋(Cambridge)
徐志摩的《再別康橋》發源處。

科茲窩(Cotswolds)
英國最美麗的鄉村地帶。

亞溫河畔史特拉福(Stratford-Upon-Avon)
英國最偉大的詩人,莎士比亞的故鄉。

牛津(Oxford)
歷史最古老的學術聖殿,且是《愛麗絲夢遊仙境》故事的發源處。

倫敦(London)
英格蘭首都,英國主要觀光聖地。

格洛斯特(Gloucester)
《哈利波特‧神祕的魔法石》拍攝景點。

巴斯(Bath)
羅馬時代以溫泉著名,是世界文化遺產。

沙里斯貝利(Salisbury)
擁有全英國最高教堂,是前往世界著名文化遺跡:史前巨石陣的出發地。

● 威爾斯 Wales

康威(Conwy)
擁有英國最小的房子,且被中世紀古牆環繞。

雷克瑟姆(Wrexham)
中世紀城市,擁有獨特的龐特西斯特高架水道。

卡地夫(Cardiff)
威爾斯的首都。

● 南海岸地區
Southern Coast

溫徹斯特(Winchester)
擁有英國最古老的公學,也是中世紀城市。

坎特伯里(Canterbury)
英國最大的朝聖聖地,擁有坎特伯里大教堂。

普茲茅斯(Portsmouth)
海軍的據點,且以三角帆觀景塔著名。

布萊頓(Brighton)
海邊城市,也是倫敦人的避暑聖地。

普利茅斯(Plymouth)
海港城市。

● 北愛爾蘭
Northern Ireland

貝爾法斯特(Belfast)
北愛爾蘭的首都

倫敦
London

倫敦的活力，好像時而在灰濛街頭上瞥見的
那一抹醒目的紅，藏在低調深沉的靈魂中……

終於抵達夢寐以求的倫敦囉

下大雪還是可以很浪漫的啊！

下飛機第一件事，就是前往在台灣已訂好的住宿卸下行李。從Getwick機場坐火車到聖保羅教堂附近的YHA，一人10英鎊，車程約1小時。我們在倫敦8天都是住在同一個地方。英國下午2點才可Check in，在下午2點前抵達的話，可以先寄放行李。

放好了行李，休息片刻，我們家的Sasa大人就迫不及待的想去外面晃晃，就這樣子兩手空空的，飛奔到對岸的千禧橋享受倫敦之美。所以呢……我們度蜜月的第一天就吵架囉。哈哈～因為狂風大雪，Sasa出門有傘不帶，全身溼透，但她卻享受其中，一副無所謂的樣子。Edison則是緊張到爆，身為一個男人，怎麼有如此荒唐行為，更何況是人在異鄉，狂風大雪回不了旅館該如何是好。一路被雪狂淋，兩個人在此時吵得天翻地覆。Sasa樂觀，覺得雪一下子就停了，不用趕路；Edison悲觀，覺得雪一定下得沒完沒了，再不回旅館就完蛋……後來事實證明Edison大錯特錯，因為雪停了——Sasa覺得Edison是王八蛋，人在度蜜月，還這麼的小題大作，不懂得雪中浪漫。

漫步在倫敦街道是個不錯的選擇

我們幾乎是用步行的方式細細的品嘗倫敦，這樣可以省下很多車費，如果不喜歡走太多路，也可以搭地鐵或雙層巴士，我們有提供一些地鐵及遊玩倫敦的小資訊(見P37)。關於巴士的時間，還有該搭幾號車，可直接在公車站找尋，不要害怕迷路，上面有非常詳細的說明。

Edison拖著兩個超大行李箱上公車、上地鐵、倫敦市區奔走，超狼狽的啊

男人是挑夫～～！

唷！不要拍我

YHA每天都有吃到飽的早餐喔，只要5英鎊，實在太幸福了

倫敦東區
East End of London　頹廢中開出的新銳藝術花朵

地圖標註：

Barbican
B134 Brick Ln
Aldersgate St
A501 City Rd
Eldon St
紅磚巷 (Brick Lane)
A1211 London Wall
A1202 Commercial St
舊楚門酒廠 (Old Truman Brewery)
英格蘭銀行博物館 (Bank of England Museum)
皇家交易所 (Royal Exchange)
史派特市集 (Spitalfield Market)
Gresham St
Moorgate
Old Castle St
Gravel Ln
Aldgate East
A1211 Houndsditch
Old Bailey
Giltspur St
St. Paul's
聖保羅大教堂 (St. Paul Cathedral)
Cheapside
Milk St
Bread St
Queen St
Prince's St
King William St
Threadneedle St
蘇黎世保險總部 (Swiss Re Headquarters)
Old Broad St
Aldgate
Ludgate Hill
匯豐銀行 (HSBC)
St. Paul's Church Yard
Cornhill
Leadenhall St
Aldgate
A1211 Minories
A1210 Mansell St
B134 Alie St
South Tenter St
A1202 Leman St
Hooper St
Queen Victoria St
Mansion House
Fenchurch St
匯豐銀行 (HSBC)
Prescot St
A3211 Upper Thames St
Monument
A1213 Bishopsgate
Botolph Ln
Mincing Ln
Great Tower St
Tower Gateway
倫敦旅遊中心
Tower Hill
Cannon St
Tower Hill
Dock St
London Bridge
倫敦鐵橋 (London Bridge)
倫敦大火紀念塔 (The Monument)
A1203 East Smithfield
倫敦塔 (Tower of London)
London Bridge
倫敦塔橋 (Tower Bridge)

紅磚巷 Brick Lane

孟加拉移民大本營，充滿街頭藝術，舊楚門酒廠也位於旁邊，假日都有市集可以逛，紅磚巷的每一面牆都有超酷的塗鴉，充滿了濃濃的街頭風。

✉ 91 Brick Lane, London, E1 6QL
➡ 地鐵London Overground 線至Shoreditch High Street站，步行10分鐘

舊楚門酒廠
Old Truman Brewery

昔西的楚門酒廠，以黑色的老鷹為標誌，又稱做黑鷹酒廠。現今酒廠轉型為藝術中心、餐廳、小酒吧。

✉ 91 Brick Lane, London, E1 6QL
➡ 地鐵London Overground 線至Shoreditch High Street站，步行10分鐘

1,2 紅磚巷街景
3 舊楚門酒廠

聖保羅大教堂
St. Paul's Cathedral

英國最偉大的巴洛克建築，以壯觀的圓形屋頂聞名。是世界第二大的圓頂大教堂，僅次於羅馬的聖彼得教堂。教堂的鐘聲每小時響一次，我們因為住在聖保羅大教堂附近，所以每天都聽著鐘聲入眠唷！

另外，從聖保羅往大笨鐘的方向走，沿途有經過一個叫Royal Courts Of Justice的河岸街，這一排的建築物很美，接著往河邊一直走，可欣賞對岸南岸區的倫敦眼，正前方會看到非常壯觀華麗的大笨鐘跟國會大廈。

✉ The Chapter House, St Paul's Churchyard, London, EC4M 8AD
🕐 週一～六08:00～16:00，週日公休
$ 全票£16，兒童票(6～17歲)£7
➡ 地鐵Central Line至St. Paul's站，循指示牌就能抵達
⁉ 入內禁止攝影

小夫妻的英倫筆記 note

旅遊中心對面就可以乘坐15號雙層巴士

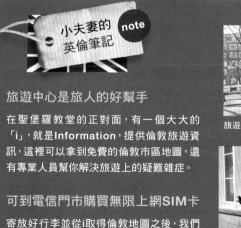

旅遊資訊中心

迷路？請找穿大衣的倫敦人，就沒有問題囉

Three Store的招牌寫著大大的3

旅遊中心是旅人的好幫手

在聖堡羅教堂的正對面，有一個大大的「i」，就是Information，提供倫敦旅遊資訊，這裡可以拿到免費的倫敦市區地圖，還有專業人員幫你解決旅遊上的疑難雜症。

可到電信門市購買無限上網SIM卡

寄放好行李並從i取得倫敦地圖之後，我們先抵達電信門市「3」，花15英鎊買了可以無限上網的SIM卡。
✉ 64, Cannon Street

皇家交易所 Royal Exchange

以前是股市交易場所,現為精品專賣區。皇家交易所和對面的英格蘭銀行博物館,是倫敦主要的金融商圈。

✉ Threadneedle Street, London, EC2R 8AH
➡ 地鐵Central、Northern Line至Bank站,步行5分鐘

蘇黎世保險總部
Swiss Re Headquarters

外型像藍色子彈,有人說像小黃瓜,在倫敦東區隨處都可以見到它。可惜此大樓沒有開放參觀。

✉ 30 St Mary Axe, London, EC3
➡ 地鐵Hammersmith & City、Circle、Metropolitan Line至Aldgate站,循指示牌就能抵達

倫敦鐵橋 London Bridge

喔耶!要去期待很久的倫敦鐵橋囉!抵達倫敦鐵橋,我們以為走錯路了。這個橋沒有什麼特色,但貨真價實,是大家小時候唱的兒歌,「倫敦鐵橋垮下來、垮下來」的橋喔!

✉ King William Street, City of London, Greater London, EC4R 9
➡ 地鐵Circle、District Line至Monument站,或地鐵Northern Line至London Bridge站,循指示牌就能抵達

1 皇家交易所
2 蘇黎世保險總部
3 倫敦鐵橋

Sasa餓了,快買食物解饞

4

5

6

倫敦塔橋 Tower Bridge

倫敦塔橋其實就在倫敦鐵橋隔壁，往前走就可抵達。現在大家都把倫敦塔橋當成倫敦鐵橋。造訪時，正巧遇到大船經過，倫敦塔橋會打開讓大船通行，我們帶著興奮的心情瘋狂地拍照。然後記得去漫步在壯觀的塔橋上喔！漫步在塔橋是免費的，也可從橋上搭乘電梯登上塔橋的制高點，參觀付費的倫敦橋展覽。

✉ Tower Bridge Exhibition, Tower Bridge Road, London, SE1 2UP
🕐 4～9月10:00～18:00、10～3月09:30～05:30、12/24～26公休
$ 塔橋免費。倫敦橋展覽全票£8、兒童票(5～15歲)£3.4
➡ 地鐵Circle、District Line至Tower Hill站

倫敦塔 Tower of London

倫敦塔橋對面的倫敦塔，是以前關犯人的地方，這裡充滿了靈異的鬼故事，但現今開放民眾買票入內參觀，體驗倫敦塔歷史。

✉ The Tower Of London, London ,EC3N 4AB
🕐 3～10月週二～六09:00～17:30、週日～一10:00～17:30。11～2月週二～六09:00～16:30、週日～一10:00～16:30
$ 全票£21.45、兒童票(5～15歲)£10.75
➡ 地鐵Circle、District Line至Tower Hill站，步行5分鐘

4 倫敦塔橋
5 倫敦塔
6 假如你怕鬼的話，坐在倫敦塔外面體驗一下淒涼也不錯唷

南岸區
The South Bank
泰晤士河岸旁最美的散步去處

地圖標示：

- Bank
- Mansion House
- Temple
- 千禧橋 (Millennium Bridge)
- 倫敦大火紀念塔 (The Monument)
- Monument
- Tower Hill
- 倫敦鐵橋 (London Bridge)
- 泰特現代美術館 (Tate Modern)
- Bankside
- Holland St
- New Globe Walk
- 莎士比亞環球廣場 (Shakespeare's Globe Theatre)
- 金鹿英式古帆船 (The Golden Hinde)
- 倫敦塔 (Tower of London)
- 匯豐銀行 (HSBC)
- Embankment
- A3200 Stamford St
- A201 Blackfriars Rd
- Sumner St
- Park St
- 匯豐銀行 (HSBC)
- Southwark Bridge Rd
- Park St
- Stoney St
- Montague Close
- London Bridge
- Bedale St
- 市政廳 (City Hall)
- A200 Tooley St
- 倫敦塔橋 (Tower Bridge)
- Southwark St
- Great Guildford St
- A300 Southwark Bridge Rd
- Southwark
- Belvedere Rd
- A3200 York Rd
- A301
- 倫敦眼 (London Eye)
- 南華克大教堂 (Southwark Cathedral)
- St. Thomas St
- Borough High St
- 匯豐銀行 (HSBC)
- 波若市集 (Borough Market)
- 倫敦地牢 (London Dungeon)
- Waterloo Rd
- 倫敦水族館 (Sea Life London Aquarium)
- Borough

千禧橋 Millennium Bridge

倫敦第一座人行步橋，橫跨泰晤士河，連接了聖保羅
大教堂，以及對岸的泰特現代藝術館。我們漫步在千
禧橋上，天空飄著綿綿細雪，河邊風景超美，這裡有小
攤販賣著香噴噴的糖炒花生，一杯花生2英鎊，在寒冷
的天氣吃著熱呼呼的花生，好幸福啊！

➡ 地鐵Circle、District Line至Mansion House站，步行5分鐘

倫敦眼 London Eye

世界上首座觀景摩天輪，乘坐倫敦眼，天氣好且能見度
高時，可以360度觀賞整個倫敦景色喔。一個人的票價是19.2
英鎊，若搭配參加其他的活動(海洋水族館、蠟像館、倫敦歷史
劇場、遊泰晤士河)，價格會比較優惠。

✉ Westminster Bridge Rd, London, SE1 7PB

🕐 1/1～3/28、9/1～12/30：10:00～20:30。3/29～4/14、6/28～8/31：10:00～21:30。
4/15～6/27：10:00～21:00。12/24：10:00～17:30。12/31：10:00～15:00

$ 全票£19.2，兒童票(5～15歲)£12.3

➡ 地鐵Waterloo and City、Jubilee、Bakerloo、Northern Line至Waterloo站，步行10分鐘

1 千禧橋
2,3 倫敦眼

市政廳 City Hall

倫敦政府的總部，大樓形狀宛如蠶蛹，以環保概念打造，且外型前衛，跟周邊的倫敦塔橋有強烈對比。

- ✉ 110 The Queens Walk, London, SE1 2AA
- 🕐 週一～四08:30～18:00，週五08:30～17:30
- $ 免費參觀部分區域
- ➡ 地鐵Northern、Jubilee Line至London Bridge站，步行15分鐘

泰特現代美術館
Tate Modern

於泰晤士河的南岸，外型有一根大煙囪，保留舊發電廠的外觀，內部卻充滿了現代化，且不定期有展覽。

- ✉ 25 Sumner Street, London, SE1 9TG
- 🕐 週日～四10:00～18:00，週五～六10:00～22:000
- $ 一般展覽免費，特別展覽另外收費
- ➡ 地鐵Jubilee Line至Southwark站，步行15分鐘

莎士比亞環球廣場
Shakespeare's Globe Theatre

莎士比亞時期的開放式劇場，莎士比亞大多數的作品都在環球廣場演出，會有不定期的戶外劇場演出，展覽的日期與時間可上官網查詢。

- ✉ Bankside, London, SE1 9DT
- ➡ 地鐵Jubilee Line至Southwark站，步行15分鐘(位於泰特現代美術館旁)
- http www.shakespearesglobe.com

千禧橋橋上傳來超誘香的甜味，忍不住買來品嘗

4 市政廳
5 泰特現代美術館
6 莎士比亞環球廣場

西敏寺區
Westminster
貴氣風華的王室政權中心

- 皇家藝術學院 (Royal Academy of Arts)
- Piccadilly Circus
- 國家肖像藝廊 (National Portrait Gallery)
- A400 Charing Cross Rd
- 國家藝廊 (National Gallery)
- Savoy Pl
- Hill St
- Hay's Mews
- Sackville St
- A4 Piccadilly
- A4 Haymarket
- Regent St
- Villiers St
- Queen St
- 特拉法加廣場 (Trafalgar Square)
- Charing Cross
- Embankment
- A4202 Park Ln
- Curzon St
- Green Park
- St. James's St
- King St
- Pall Mall
- A4202 Park Ln
- 威靈頓博物館 (Wellington Museum)
- 匯豐銀行 (HSBC)
- The Mall
- 皇家騎兵衛隊 (Horse Guards)
- Whitehall
- Victoria Embankment
- A4 Piccadilly
- 聖約翰公園 (St. James Park)
- Horse Guards Rd
- 白廳 (Whitehall)
- Hyde Park Corner
- A4 Knightsbridge
- Duke of Wellington Pl
- 威靈頓拱門 (Wellington Arch)
- Bressenden Pl
- 白金漢宮 (Buckingham Palace)
- Birdcage Walk
- 邱吉爾戰爭室 (Churchill War Rooms)
- Westminster
- A302 Grosvenor Pl
- Headfort Pl
- 白金漢宮花園 (Buckingham Palace Gardens)
- 聖瑪格麗特教堂 (St. Margaret's Church)
- 大笨鐘 (Big Ben)
- Montrose Pl
- 女王藝廊 (The Queen's Gallery)
- A3214 Buckingham Gate
- St. James's Park
- 匯豐銀行 (HSBC)
- A3212 Millbank
- 國會議事廳 (House of Parliament)
- Constitution Hill
- Palace St
- A302 Victoria St
- 西敏寺 (Westminster Abbey)
- Victoria
- Tufton St

白金漢宮
Buckingham Palace

每天早上11:30舉行衛兵交接儀式，當我們到達時已經人山人海囉，建議提早到達廣場找好觀賞位置。白金漢宮不只是提供遊客參觀的博物館，也是英國君主的辦事處，當皇宮正門上方懸掛皇室旗幟時，表示女皇在裡面喔！白金漢宮每年的開放時間、票價會有變動，請上網查詢。

✉ London, SW1A 1AA

➡ 地鐵Circle、District Line至St. James Park站，步行15分鐘

http www.royalcollection.org.uk

皇家騎兵衛隊 Horse Guards

禁衛兵的交接儀式，除了白金漢宮外，皇家騎兵
衛隊也是一樣的交接內容，若趕不及觀看白金漢
宮外的交接儀式，可前往此地，避開人潮。

✉ Horse Guards, Whitehall, London, SW1A 2AX

🕐 週一～六11:00，週日10:00

$ 免費參觀

➡ 地鐵Bakerloo、Northern Line至Charing Cross站，步行
10分鐘

1,4 禁衛兵的交接儀式
2 超多遊客前來朝聖，幸好Edison & Sasa來得夠早
3 禁衛兵站著一動也不動的，Edison腦子裡一直冒
出欠打的想法
5 皇家騎兵衛隊

1

2

3

4

特拉法加廣場 Trafalgar Square

接著我們步行往最近的景點，特拉法加廣場前進，這廣場是紀念尼爾森在特拉法加戰役中，對抗拿破崙而殉國。廣場對面是國家藝廊，靠近國家藝廊的廣場上都有街頭藝人表演，還有成群的鴿子在此活動，充滿熱鬧又悠閒的氣息。

✉ Trafalgar Square, London, WC2N 5DN
➡ 地鐵Bakerloo、Northern Line至Charing Cross站，步行10分鐘

5

國家藝廊 National Gallery

英國國家畫廊收藏眾多西洋繪畫，號稱世界最頂級畫廊，依年代分為四個區塊，擁有每個世紀的作品，如：達文西、拉斐爾等等，吸引眾多人前往朝聖真跡。我們在晚上的時候，巧遇俄羅斯的慶典，Sasa悠閒的聽了一整晚的演唱。

✉ Trafalgar Square, London, WC2N 5DN
🕐 週六～四10:00～18:00，週五10:00～21:00。12/24～26、1/1公休
$ 自由捐獻
➡ 地鐵Bakerloo、Northern Line至Charing Cross站，步行10分鐘

西敏寺 Westminster Abbey

被列為世界文化遺產的西敏寺，就位於大笨鐘旁邊喔！外觀是哥德式建築風格，西敏寺正面與側面都很美很華麗，也是英國皇室的教堂。英國君主安葬跟加冕登基的地點，黛安娜王妃的葬禮也是在這舉辦。位於西敏寺正面，有紀念品店販賣許多有關英國皇室的商品。

1,5 西敏寺
2 Edison巧遇街頭藝人，Sasa
　超擔心被拉上台的唷
3 特拉法加廣場及國家藝廊
4 特拉法加廣場時常舉辦大型
　活動

✉ Westminster Abbey, London, SW1P 3PA
🕐 週一～六09:30～15:30，常因活動更改開放時間，前往請確認
$ 全票£18，兒童票(11～18歲)£8
➡ 地鐵Circle、District、Jubilee Line至Westminster站，出站就能抵達
⁉ 參觀內部時禁止拍照

西敏寺
我來囉～～

7

8
9

大笨鐘和國會議事廳
Big Ben & House of Parliament

位於泰晤河畔的大笨鐘跟國會大廈是英國地標之一，終於可以親眼目睹期待已久的大笨鐘，真的好華麗壯觀喔！如果想進入參觀，可利用議會開議跟夏季導覽進行參觀。每個週六有開放民眾參觀。每年夏季導覽日期與時間會些許變動，可上官網查詢。

✉ House of Parliament, London, SW1A 0PW
🕐 固定每週六09:15～16:30
　　夏季導覽：7/31～8/31週一13:15～15:30，週二～五09:15～17:30。9/17～10/5週二～五09:15～16:30
💲 全票£15、兒童票(5～16歲)£6
➡ 地鐵Circle、District、Jubilee Line至Westminster站，出站就能抵達
http www.parliament.uk

白廳 Whitehall

白廳是特拉法加廣場通往到國會議事廳的一條道路，這條道路上充滿著外觀壯麗的政府辦公地，可欣賞皇家騎兵衛隊的衛兵交接儀式。

➡ 地鐵Bakerloo、Northern Line至Charing Cross站，步行10分鐘抵達

6 大笨鐘和國會議事廳
7 大笨鐘旁邊的西敏寺橋上，常常有穿著蘇格蘭裙的街頭藝人
8 白廳道路上的紀念碑
9 耶！Sasa最愛大笨鐘囉

騎士橋與肯辛頓區
Knightsbridge & Kensington

倫敦貴族住宅地

肯辛頓宮
(Kensington Palace)

肯辛頓花園
(Kensington Gardens)

海德公園
(Hyde Park)

匯豐銀行
(HSBC)

Kensington Palace Gardens

Palace Ave

A315 Kensington High St

High Street Kensington

Victoria Rd

De Vere Gardens

B325 Palace Gate

Albert Pl

Douro Pl

Launceston Pl

B325 Gloucester Rd

Grenvile Pl

亞伯特紀念碑
(Albert Memorial)

皇家藝術學院
(Royal College of Art)

亞伯特演奏廳
(Royal Albert Hall)

South Carriage Dr

A315 Knightsbridge

Knightsbridge

Prince Consort Rd

倫敦帝國學院
(Imperial College Science,
Technology & Medicine)

Knightsbridge

Petersham Pl

Elvaston Pl

Imperial College Rd

Queen's Gate

英國科學博物館
(Science Museum)

Museum Ln

Exhibition Rd

Cottage Pl

維多利亞與亞伯特博物館
(Victoria & Albert Museum)

自然史博物館
(Natural History Museum)

A4 Cromwell Rd

Thurloe Pl

A4 Cromwell Rd

Gloucester Rd

South Kensington

Pelham St

A308 Brompton Rd

哈洛斯百貨
(Harrods)

Cheval Pl

Hans Rd

Pavilion Rd

Basil St

A3216 Sloance St

Yeoman's Row

Walton St

Cadogan Square

Cadogan St

哈洛斯百貨 Harrods

英國百年的百貨公司,是世界上最大的百貨公司,占地4.5英畝且建立世界第一座手扶梯。裡頭販售奢華商品,超過330個銷售部門,是到倫敦非來不可的景點。裡頭真的是非常氣派,若你身穿短褲則不得進入,有背雙肩背包的,需改成手提的。

✉ 87～135 Brompton Rd, Knightsbridge, London, SW1X 7XL
🕐 週一～六10:00～20:00,週日11:30～18:00
➡ 地鐵Piccadilly Line至Knightsbridge站,出站就能抵達
http www.harrods.com

1 哈洛斯百貨公司
2 接駁巴士
3 哈洛斯百貨公司的櫥窗裝飾

4 讓Sasa著迷的自然史博物館外觀
5 自然史博物館內部
6 V&A博物館內的作品

自然史博物館
Natural History Museum

倫敦天氣變化多端，一下子下雨，一下子下雪，一下子天氣又放晴了，此時天空是下著綿綿細雨，我們步行抵達了自然史博物館，讓我們超級超級驚豔，博物館外觀是如此壯麗，Sasa看到自然史博物館的外觀，就開始幻想自已是藝術創作者(Edison無言)，輪到Edison看到超精細的樓梯雕刻時，換他一直在哇哇叫。

博物館內的一磚一瓦充滿動人故事、歷史，再搭配上展覽，真是天衣無縫。一進大門會有一隻巨大的恐龍喔！而博物館內分成紅、綠、藍、橘四個區，展覽不同主題，所擁有的生物和地球科學標本約7千萬件，入場免費。

✉ Cromwell Road, London, SW7 5BD
🕐 10:00～17:50，12/24～26公休，常因活動更改開放時間，前往請先確認
$ 免費
➡ 地鐵Circle、District、Piccadilly Line至South Kensington站，步行5分鐘

維多利亞與亞伯特博物館
Victoria & Albert Museum

自然史博物館旁是維多利亞和亞伯特博物館，這是一個充滿藝術創作的博物館，每個作品都讓我們有眼睛為之一亮的驚奇感。博物館分成歐洲、亞洲、現代、材質與技術，四個主題。展示了維多利亞女王與亞伯特親王的眾多收藏，超多大理石雕刻、超精細的木雕及世界傑出的藝術作品，約有4萬多件。

✉ Cromwell Road, London, SW7 2RL
🕐 週六～四10:00～17:45，週五10:00～22:00。12/24～26公休
$ 免費，特展另外付費
➡ 地鐵Circle、District、Piccadilly Line至South Kensington站，步行5分鐘

蘇活區
Soho
多元活力的文化重區&挖寶天堂

萊斯特廣場 往肯頓市集 (Camden Market)
Cranleigh St
聖潘克拉斯車站 (St. Pancras Station)
Brill Pl
Ossulston St
Chalton St
Midland Rd
A5202 Pancras Rd
國王十字車站 (King's Cross Station)
King's Cross St-Pancras

大英圖書館 (British Library)
A501 Euston Rd
Argyle St
Swinton St
Grays Inn Rd

A400 Hampstead Rd
Euston Square
Gower Pl
A4200 Upper Woburn Pl
Burton St
B504 Hunter St
Warren Street
A400 Gower St
Byng Pl
Russell Square
B502 Guilford St
Malet St
羅素廣場 (Russell Square)
Southampton Row
A401 Theobalds Rd
Goodge Street
Goodge St
A400 Bloomsbury St
Bedford Pl
Red Lion St
大英博物館 (British Museum)
Bloomsbury Way
Chancery Lane
Holborn
匯豐銀行 (HSBC)
Oxford Circus
Tottenham Court Rd
High Holborn
A4200 Kingsway
Oxford St
牛津圓環 (Oxford Circus)
Wild St
聖殿教堂 (Temple Church)
中國城 (China Town)
Shaftesbury Ave
Endell St
Drury Ln
Lexington St
Wardour St
Dean St
Earlham St
Bow St
倫敦交通博物館 (London Transportation Museum)
Covent Garden
King St
科陶德藝廊 (Courtauld Gallery)
Regent St
皮卡地里圓環 (Piccadilly Circus)
萊斯特廣場 (Leicester Square)
Leicester Square
Maiden Lane
柯芬園廣場 (Covent Garden)
Temple
Piccadilly Circus
Bedfordbury
TKS售票亭
Agar St
匯豐銀行 (HSBC)
Rules餐廳
Piccadilly
Regent St
A4 Haymarket
A4 Strand
Villiers St
A301 Waterloo Bridge
King St
Charing Cross
Pall Mall
Embankment

萊斯特廣場 Leicester Square

從萊斯特廣場至皮卡地里圓環(P.31)之間,是倫敦最著名的戲院區,到倫敦一定要看一場
歌劇喔!歌劇開演前到TKS專門賣票的售票亭購票,當天若未售出的票會有折扣賣出,但
是會有手續費3英鎊。購票時,座位從前面至後面第一層至第四層,票價由貴至便宜,座位
在兩旁角落處,售票人員會告知票價非常便宜但視野不好。觀看歌劇過程中,可體驗超厲
害超逼真的場景變化,還有每個演員扮演的角色詮釋,視覺跟聽覺都有大大的震撼喔!

➡ 地鐵Northern、Piccadilly Line至Leicester Square站,出站就能抵達

皮卡地里圓環 Piccadilly Circus

蘇活區最有名的就是圓環噴泉上的雕像，是基督徒的慈善天使，為了紀念維多利亞時期慈善家而建的。喜歡逛街的朋友，可以在皮卡地里圓環前面的攝政街為出發點，開始展開血拚，這裡有很多英國當地的品牌Burberry、Lush、Super dry等等，到英國就是要買英國當地的品牌，價格上都比台灣買的還便宜喔！

➡ 地鐵Piccadilly Line至Piccadilly Circus站，出站就能抵達

M&M World

從萊斯特廣場至皮卡地里圓環之間，會經過一個耳熟能詳的巧克力世界，M&M World提供大朋友小朋友一個共同回憶的世界，販賣眾多口味的M&M巧克力與相關商品，還提供巧克力玩偶讓遊客拍個夠，讓遊客滿載而歸。

✉ 1 Swiss Ct, London W1D 6AP
🕐 週一～六10:00～24:00，週日12:00～18:00
$ 免費
➡ 地鐵Northern、Piccadilly Line至Leicester Square站，出站就能抵達

3

中國城 China Town

位於萊斯特廣場旁邊，這裡是倫敦便宜又大碗的美食天堂，以廣東菜、日本料理為主。路旁常會有人發送特價的美食傳單，記得停下來看一下，也許會撿到便宜的美食唷！Edison在這裡很帥氣的餵鴿子，後來發現旁邊有告示牌，寫著請勿餵食，哈哈。

➡ 地鐵Northern、Piccadilly Line至Leicester Square站，步行5分鐘

4

1 紀念品商店的活招牌，充滿濃濃的英國風
2 皮卡地里圓環
3 凡路過M&M World，一定會前往朝聖，大人小孩都愛的巧克力世界
4 中國城

小夫妻的
英倫筆記 **note**

巧遇電影首映會，群星雲集

倫敦真的是一個國際大城市，廣場前封街且人滿為患，搞不清楚狀況的Edison跟Sasa加入混亂中一探究竟，天啊!!!想不到我們居然遇到電影《索命記憶》(Trance)的首映會，首映會群星雲集，有奧斯卡最佳導演丹尼鮑伊、女主角蘿莎莉道森，讓我們一飽眼福，還幸運的跟了大明星(黃金羅盤的天才童星達可塔布李察森)拍照，真是有夠幸運的，因為她太水囉！

歐買嘎～超幸運的Sasa跟Edison居然跟大明星合影

Sasa你可以打我的臉嗎?他們居然是奧斯卡最佳導演及電影中的女主角

大英博物館 British Museum

大英博物館與法國巴黎羅浮宮、美國紐約大都會博物館，並列世界著名的三大博物館。建築非常有氣勢，裡面更是壯觀！有分埃及區、希臘區、亞洲區等，皆擺放古老的遺跡。各地區分類得很清楚，花一整天可以看得更仔細，裡面也有販賣食物與咖啡，逛累了可以在裡面休息。

✉ Great Russell Street, London, WC1B 3DG
🕐 週六～四10:00～17:30，週五10:00～20:30。1/1、12/24～26公休
$ 免費
➡ 地鐵Piccadilly Line至Russell Square站，步行10分鐘

大英圖書館 British Library

全球最大的圖書館之一，館藏圖書非常豐富，估計超過一億五千萬件之多！用British Library的英文字母裝飾的大門，非常明顯。想不到圖書館內居然有販賣美食、咖啡，圖書館內的每一個區塊都劃分得很仔細，是個閱讀的好環境。

✉ 96 Euston Road, London, Greater London, NW1 2DB
🕐 週一、週三～五09:30～18:00，週二09:30～20:00，週日及國定假日11:00～17:00
$ 免費
➡ 地鐵Piccadilly、Victoria Line至King's Cross站，步行10分鐘

皇家法院
The Royal Courts of Justice

倫敦高等法院及英格蘭、威爾斯的上訴法院。位於Strand A4上，建築物外觀非常明顯，是維多利亞哥德式風格的大廈，並於1882年由維多利亞女王開幕。但取決於正在審理的法案，有些地方會限制參觀。

✉ Strand，London WC2A 2LL，United Kingdom
$ 免費
➡ 地鐵Circle、District Line至Temple站，出站步行5分鐘

1 大英博物館的外觀超壯觀
2 大英博物館展示的藝術作品
3 藝術創作者也前來朝聖
4 遠從歐洲來的學生，參觀完還得寫作業唷
5 法院外觀非常的漂亮，Sasa每天經過一定要大聲的讚嘆
6 Edison研究很久，這些人從法院裡走出來，是下班了嗎

國王十字車站
King's Cross Station

在風靡全球的《哈利波特》故事裡，國王十字車站是前往霍格華茲學校的9又3/4月台所在地。因為《哈利波特》電影而導致國王十字車站聲名大噪，所以喜歡哈利波特的粉絲可以前往朝聖，這裡真的做了一個9又3/4月台，一定要來拜訪，看看你是不是一位麻瓜。

➡ 地鐵Piccadilly、Victoria、Circle、Metropolitan、Hammersmith & City、Norther Line至King's Cross-St. Pancras站，出站就能抵達

聖潘克拉斯車站
St. Pancras Station

座落在國王十字車站旁的聖潘克拉斯車站，歷史更悠久，氣勢更壯麗，建築外觀更值得好好欣賞一番。1樓是商店賣場，2樓是搭乘歐洲之星的地方，從這邊只要搭車兩個小時就可抵達歐洲，這地方內外真的很美，值得前往。

➡ 地鐵Piccadilly、Victoria、Circle、Metropolitan、Hammersmith & City、Norther Line至King's Cross-St. Pancras站，出站就能抵達

羅素廣場 Russell Square

羅素廣場是倫敦市區的一個小公園，也是高級文教區，占地包含倫敦大學的管理中心與圖書館，廣場也是多間學院所在地，附近有多座學生宿舍。

➡ 地鐵Piccadilly Line至Russell Square站，出站就能抵達

7 國王十字車站充滿了現代感
8 羅素廣場
9 聖潘克拉斯車站
10 聖潘克拉斯車站內部超大藝術品
11 國王十字車站是哈利波特的拍攝景點

牛津圓環 Oxford Circus

倫敦最繁華的購物街道，聚集著許多高
檔名牌精品商店，每個櫥窗擺飾都很
特別，吸引遊客的目光。

➡ 地鐵Victoria、Central、Bakerloo Line至
Oxford Circus站，出站就能抵達

迪士尼 Disney Store

這家迪士尼專賣店位於倫敦市區，是
目前歐洲最大的，也是世界第二大的
迪士尼專賣店。喜歡迪士尼的大朋友小朋友可
以前往朝聖，會有意想不到的收獲喔！

✉ 360 Oxford Street, Marylebone, London W1C 1JA
🕐 週一～六09:00～21:00，週日10:00～20:00
$ 免費
➡ 地鐵Jubilee、Central Line至Bond Street站，出站步行
Oxford Street，5分鐘

1 充滿血拼力量的牛津街
2 Sasa公主可是做足了血拼的功課，瘋狂
的買買買，Edison荷包大失血啊！
3,4 超有英國風的米老鼠跟唐老鴨

小夫妻的
英倫筆記 note

聖派克大遊行

聖派克節日St.Partick's Day

三月十七日，我們走在倫敦的街上，看到許多店家的窗戶貼滿了海
報，原來今天是一年一度的聖派克節日，倫敦有一連串的活動，主
要的活動是長達一個多小時的大遊行，我們趕緊去詢問遊行路線，
參加遊行活動的人，都會在自己身上穿搭綠色(三葉草)相關物品，因
為綠色會帶來好運。所以我們趕緊前往小攤販買綠色商品。但綠色
商品真的太搶手了，一下子就被一掃而空，幸好我們有買到應景的
綠色帽子，而遊行時間跟路線很長，遊行人員會跟觀眾有近距離的
互動，非常好玩有趣，這是在台灣無法體驗到的樂趣。

聖派克節日身穿綠色才是王道，
Edison跟Sasa人在異鄉卻能趕
上綠色潮流，並且卡了遊行的好
位置，Sasa一定會愛慘Edison

走入市集 來趟驚喜淘寶之旅

充滿龐克嬉皮風的**肯頓市集** Camden Market

位於倫敦市區北邊的肯頓區，是龐克族的大本營，街上的人穿著都很嬉皮，這裡有很多嬉皮古怪的建築，販賣許多手工藝品、紀念性小物品。肯頓市集大街上每一家店的門面，都有獨特的風格。

這個市集的紀念品，可說是倫敦最便宜的喔！看到想買的紀念品，可以直接從這裡下手，只是離市區有點遠，但價格絕對物超所值。還有許多各國風味的美食，逛累了，我們坐在特別的機車造型座椅上，吃著異國美食，悠閒的欣賞運河風光。

肯頓市集分為二：

● 左邊的肯頓水門市場(Camden Lock Market)和馬廄市場(Stables Market)，裡頭充滿各國手工藝品，是龐克族的天堂。

● 右邊是肯頓運河碼頭和運河市場(Camden Canal Market)，裡頭有各國美食，攤販都會請你試吃，而且只要4英磅就可以開心的享用一餐。

1,2 運河市場
3 馬廄市場的商家招牌
4,5 肯頓水門市場
6,7 路人一個比一個有型
8 各國料理好好吃、好便宜喔

🕐 週一～日09:00～18:00，遇假日營業時間會拉長
➡️ 地鐵Northern Line至Camden Town站，沿Camden High Street走就能抵達
🌐 www.camdenlock.net

古老、充滿驚奇的 **史派特市集** Spitalfield Market

位於倫敦東區利物浦車站旁的史派特市集,是倫敦最古老的市集,市集販賣服飾、老古董、畫作、家具,足夠花上1～2個小時挖寶,這市集擁有一百多個攤位,每天都有不同的主題。外圍的紅磚建築座落著一家家的咖啡店、特色小店及一些專賣甜食的小攤販,一定會讓你的味蕾充滿驚奇。

🕐 市集時間:週一～五10:00～17:00,週日及國定假日09:00～17:00
　　商店時間:週一～日09:00～17:00
　　餐廳時間:週一～五08:00～23:00,週日09:00～23:00
➡️ 地鐵Liverpool Street站,循指示標誌約走15分鐘
🔗 www.spitalfields.co.uk

沒吃過英國野味吧?到 **波若市集** Borough Market

位於倫敦南岸的南華克教堂旁,是電影《BJ單身日記》跟《哈利波特》的拍攝景點。每週四、五、六都有不同的主題,而週四主要是農夫市集,週五、六為美食市集。市集的水果蔬菜很便宜,適合旅客買回旅館煮。這裡也有很多不同種類的麵包、甜點、起司、異國食物。我們嘗試了英國當地的食物Pastry,是一個外型長的很像水餃的鹹派,有多種口味可挑選。甜點我們挑了外觀很美麗的Meringue,在台灣叫烤蛋白,但台灣賣的烤蛋白很甜,這邊的沒那麼甜,外觀也更彩色華麗。此外這裡幾乎每一攤都可以免費試吃喔!市集裡也有賣魚賣肉,最特別是的居然有賣野味,也就是鴿子、野兔,是現抓被爆頭的唷!

🕐 全天時間:週四11:00～17:00,週五12:00～18:00,週六08:00～17:00
　　中午時間:週一～三10:00～15:00
➡️ 地鐵至London Bridge站,往Southwark St.方向走,遇到Stoney St.右轉即到達市集
🔗 www.boroughmarket.org.uk

活力與歡笑洋溢的 **柯芬園廣場** Covent Garden

到倫敦一定要來拜訪的柯芬園,位於倫敦市區萊斯特廣場旁邊。由玻璃鋼骨建構而成,是早期英國蔬果花卉交易中心,許多露天攤販跟街頭藝人表演形成科芬園最大的特色。

科芬園廣場分成兩個主要市集:

● **蘋果市集(Apple Market):** 蘋果市集販賣油畫、手工藝品及特色商品等等,市集兩旁有名牌商家,如瑰柏翠、歐舒丹、Lush等等,還有販賣色彩繽紛的杯子蛋糕店、香噴噴的手工餅乾小店。

● **狂歡市集(Jubilee Market):** 市集主要販賣特色T-Shirt、鐵版畫、紀念品。市集內充滿墨西哥料理的香氣,逛累了可以在市集內喝杯咖啡,欣賞街頭藝人的十八般武藝。

✉️ Covent Garden, London, WC2E 8RF
🕐 中午市集時間:週一～五09:30～18:00,週六～日09:00～18:00。有些店家略有不同,可至官網查詢
➡️ 地鐵Piccadilly Line至Covent Garden站,出站步行5分鐘
🔗 www.coventgardenlondonuk.com

輕鬆遊倫敦，上手小撇步

買張城市悠遊卡，幫你節省交通費

遊玩倫敦可以買一張Oyster Card，搭乘大眾交通工具(地鐵、輕軌、地上鐵、巴士跟火車)，交通費會有大折扣，跟現金買票價格差很多，而且離峰時段搭車比尖峰時段來得便宜。持卡每天搭車金額最高的上限，一旦超過上限就不再收費的福利。搭乘公車，也有最高上限的優惠，還有公車跟火車的7日票專案，很方便。

Oyster Card可至地鐵站或機場買，首次購買押金為£5，若之後要離開倫敦，請到地鐵站的售票櫃檯可以退還押金£5。

另外，倫敦搭乘大眾交通工具，計費方式以區域(Zone)計算，以市區為中心，對外畫圓，分為Zone1、Zone2、Zone3等等，依此類推。而市區主要景點皆位於Zone1及Zone2。

> **倫敦搭車的尖峰離峰時段**
> 尖峰時間：週一～五06:30～09:30、16:00～19:00
> 離峰時間：尖峰時間除外，含國定假日

Oyster Card儲值方案

1.Oyster pay as you go方案

首次購買使用時，自動列為此方案，使用於地鐵、輕軌、地上鐵，票價會比較便宜。

2.旅遊卡(Travelcards)方案

購買時可更改為此方案，適用於地鐵、輕軌、地上鐵、巴士、鐵路，這方案分為一日票、週票、月票、年票，並針對搭乘的區域而有不同的費率。若在倫敦待7天，每天想搭乘大眾交通工具暢遊倫敦，可推薦購買7天的週票，相對較划算。

Oyster pay as you go方案

＊資料時有異動，出發前請再次確認。

Oyster pay as you go(Tube, DLR and London Overgorund) 地鐵、輕軌、地上鐵					
Zone (搭乘範圍)	Cash (現金)	Peak single (尖峰單程)	Peak price Cap (尖峰時段，一天最高扣款金額)	Off-peak single (離峰單程)	Off-peak price Cap (離峰時段，一天最高扣款金額)
Zone 1 only	£4.50	£2.10	£8.40	£2.10	£7.00
Zone 1～2	£4.50	£2.80	£8.40	£2.10	£7.00
Zone 1～3	£4.50	£3.20	£10.60	£2.70	£7.70
Zone 1～4	£5.50	£3.80	£10.60	£2.70	£7.70
Zone 1～5	£5.50	£4.60	£15.80	£3.00	£8.50
Zone 1～6	£5.50	£5.00	£15.80	£3.00	£8.50

Oyster pay as you go(Bus)巴士			Bus and Tram Passes (巴士跟火車)
Cash(現金)	Pay as you go(單程)	Daily price Cap (一天最高扣款金額)	7 Day(週票)
£2.40	£1.40	£4.40	£19.60

旅遊卡(Travelcards)方案

Travelcards旅遊卡(Tube, DLR, London Overgorund, Bus and Tram) 地鐵、輕軌、地上鐵、巴士、鐵路			
Zone (搭乘範圍)	Day anytime(一日票不限時間)	Day off-peak (一日票非尖峰時段)	7 Day (週票)
Zone 1 only	£8.80	£7.30	£30.40
Zone 1～2	£8.80	£7.30	£30.40
Zone 1～3	£11.00	£8.00	£35.60
Zone 1～4	£11.00	£8.00	£43.60
Zone 1～5	£16.40	£8.90	£51.80
Zone 1～6	£16.40	£8.90	£55.60

搭雙層復古巴士，遊遍重要景點

在倫敦也可搭乘復古雙層巴士暢遊倫敦景點，持有Oyster Card搭巴士有一日最高扣款上限的優惠，或是購買Travel Card也可任意搭乘巴士。搭乘巴士可以欣賞倫敦市景，也可以依景點選擇下車。

15號巴士路線

塔山站 Tower Hill
倫敦塔、倫敦塔橋
↓
金融街站 Cannon Street
皇家交易所、英格蘭銀行博物館、紀念塔
↓
聖保羅教堂站 St. Paul's Churchyard
聖保羅大教堂
↓
艦隊街站 Fleet Street
皇家法院(Royal Courts of Justice)、
聖殿教堂
↓
奧德維奇站 Aldwych
柯芬園、倫敦交通博物館
↓
特拉法加廣場站 Trafalgar Square
倫敦交通博物館、國家肖像藝廊

9號巴士來回路線

特拉法加廣場站 Trafalgar Square
特拉法加廣場、國家藝廊、萊斯特廣場
↓
皮卡地里圓環站 Piccadilly Circus
皮卡地里廣場、中國城
↓
綠公園站 Green Park
聖詹姆士公園、白金漢宮、皇家騎兵衛隊
↓
海德公園站 Hyde Park
海德公園、威靈頓拱門、博物館
↓
騎士橋站 Knightbridge
哈洛斯百貨、維多利亞與亞伯博物館
↓
皇家亞伯特音樂廳站
Royal Albert Hall
自然史博物館、亞伯特音樂廳
↓
肯辛頓站 High Street Kensington
肯辛頓宮

倫敦通行證，一卡可通50個景點

倫敦景點有分為**免費景點**及**門票景點**，對於門票景點上的價格可能會覺得頗貴，在倫敦旅遊參觀有門票景點時，有另一個省錢的方法，就是購買倫敦通行證(London Pass)，只要持有這一張通行證，可以暢遊倫敦各大景點，約有50多個門票景點，包含歷史建築物、美術館、博物館、遊船，或是提供折扣的服務。

購票方式：上網預訂購買，填寫資料時，收取London Pass的方式請選擇Collect Passes in London，使用信用卡付費，交易完成記得把證明收據(Voucher)印出來，抵達倫敦領取。領取時需攜帶：護照、收據、交易時的信用卡。

倫敦通行證分成1、2、3、6天票，推薦可以買2天或3天票。若你買3天票，以使用的第一次，含當天起計算3天，是以天計算，不是以小時計算喔！

取票地址：11a Charing Cross Road, London, WC2H 0EP(Leicester Square地鐵站1號出口)

> Sasa跟Edison終於搭上雙層巴士，展開倫敦城市導覽，太幸福了

倫敦通行證價錢一覽

1 Day Adult Pass	£47	1 Day Child Pass	£30
2 Day Adult Pass	£64	2 Day Child Pass	£47
3 Day Adult Pass	£77	3 Day Child Pass	£53
6 Day Adult Pass	£102	6 Day Child Pass	£72

http www.londonpass.com

※ 以上資料時有異動，出發前請上網查詢。

試算倫敦通行證是否划算

想知道倫敦通行證划不划算，可以先估算你想去的景點，門票總共需要多少錢，基本上購買倫敦通行證會比較便宜。各景點票價如下：

倫敦東區

倫敦塔 Tower of London	£19.5
聖保羅大教堂 St. Paul's Cathedral	£16
塔橋 Tower Bridge Exhibition	£8
紀念塔 The Monument	£3

南岸區

莎士比亞環形劇場 Shakespeare's Globe Theatre	£13.5
泰晤士河遊覽船 Thames River Boat Cruise	£17

西敏寺區

國宴廳 The Banqueting House	£5
西敏寺 Westminster Abbey	£18
皇家馬廄 Royal Mews	£8.5
禁衛軍博物館 Guards Museum	£5

騎士橋與肯辛頓區

肯辛頓宮 Kensington Palace	£14.5

倫敦郊區

溫莎堡 Windsor Castle	£17.75
漢普頓宮 Hampton Court Palace	£16
裘園──皇家植物園 Kew Garden	£14.5

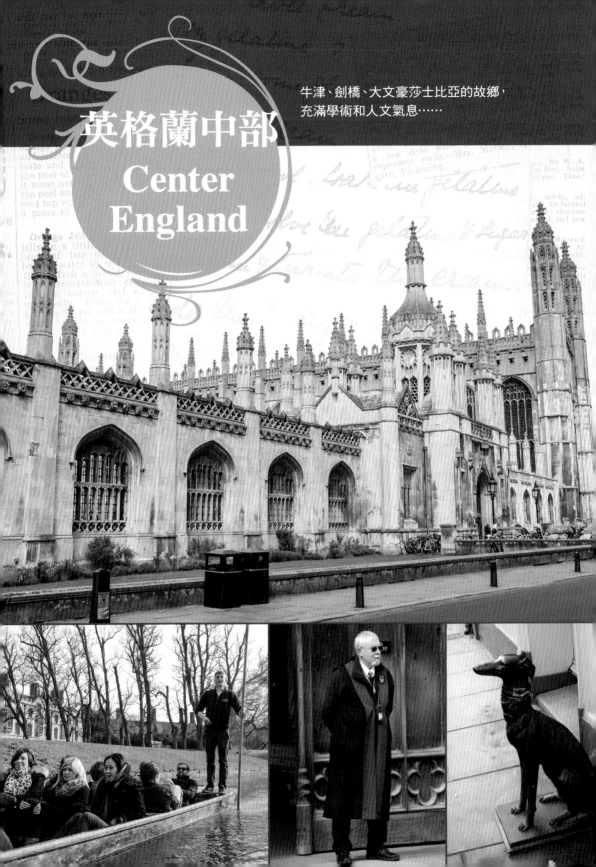

英格蘭中部
Center England

牛津、劍橋、大文豪莎士比亞的故鄉，
充滿學術和人文氣息……

尋訪古老世界文化遺產

沙里斯貝利 Salisbury
史前巨石陣 Stonehenge

巴斯　　格洛斯特

Sasa公主很開心的
拖著行李箱拍照，
因為要去拿車囉

UPS快遞跨海
送台灣駕照

往史前巨石陣

A360 Devizes Rd
A36 Churchill Way W
A36 Churchill Way E
Hamilton Rd
Wyndham Rd
St. Mark's Rd
Park St
College St
Castle St
Albany Rd
Scots Ln Bedwin St Bourne Hill
Salt Ln
Greencroft St
Fisherton St
火車站
Winchester St
Bridge St
Milford St
Mill Rd 蒙佩森宅邸
(Mompesson House)
High St
New St
Trinity St
沙里斯貝利與
南威爾特郡博物館
(Salisbury & South Wiltshire Museum)
West Walk
North Walk
St. Ann St
Exeter St
Friary Ln
U-Drive
(我們租車的地方)
沙里斯貝利大教堂
(Salisbury Cathedral)
聖安妮門
(St. Ann's Gate)
A36 Southampton Rd

今天很早就往Europcar租車公司出發，開心的要去拿車囉，預約10點拿車，我們9點就到了，結果悲劇就這麼發生了。什麼？什麼？租車時不是說只要國際駕照跟護照就行了嗎？怎麼還要台灣駕照呢？

沒有台灣的駕照，就算你訂了車子，也不通融你拿車。我們明明作了功課啊，在英國租車也沒有說要台灣駕照啊(之前在紐西蘭、澳洲租車也不用台灣駕照)。而且我們要租的車是在網路上訂的(21天、自排車、含保險，費用總共為595英磅)，取消只有一句話：不可能，也不讓你退費，天啊！雙重打擊。我們立刻上網路取消、打電話取消。幸好租車公司說，我們比預約取車的時間還早到，帳還沒有匯進租車公司，所以有退費的空間，但要收10～20英鎊的費用，才讓人大大的鬆了口氣。但是沒有台灣的駕照還是無法租車，靈機一動，請台灣的家人幫忙，把駕照寄到英國來，最快需要5天時間(UPS快遞公司，費用是台幣1千多元)。

貴到嚇死人
的火車票

由於我們是計畫開車環遊英國，所以景點跟住宿的路線都規畫好了，重點是住宿早就訂好付錢了(愈早訂愈便宜)，沒車的話，接下來的5天就得時時刻刻拖著兩個29吋大行李，會很想哭咧，因為要早早的到住的地方，很多景點沒有開車會無法到達。而且火車票貴得嚇人，沒有提早訂的話，當天的票價是貴到嚇人的。

由於我們還是想照著計畫進行，所以就買了一張從倫敦到沙里斯貝利的火車票，一張要價36.2英鎊(兩人需花費72.4英鎊，這費用可以租一天的車、可以睡一晚、可以吃一頓超級人餐)，但還是硬著頭皮買了。坐上了火車，心情一直很低落，但Sasa居然很樂觀的說，都計畫要出遊了，花掉的錢再賺就好了，我們在英國耶！英國是這麼的美，是吧！

遇見英國最美的中古世紀教堂
和外星人的史前巨陣

我終於打起精神了，拿起地圖開始修改路線。沿路左思右想，伴著美景抵達了沙里斯貝利。出了火車站是綿綿的細雨、古色古香的小鎮。傳說中英國最美麗的中古世紀教堂——**沙里斯貝利大教堂**就在這裡！哥德式的建築果然美麗。我們拖著重重的行李前往，心想，即來之則安之，那就把握當下好好的欣賞美景吧！

1

沙里斯貝利有四個市場，是十字架的建築物，市場販賣分別以奶酪、牲畜、羊毛及紗線、家禽為主。**家禽十字**建立於十四世紀、在十八世紀修建於Silver Street跟Minster Street，出售水果、蔬菜及家禽為主，由英國遺產列為一級保護建築。

逛完後，緊接著前往晚上住宿的地方。我們的旅館都是以便宜、舒適，且開車能到達的地方，而大部分的旅館位於交流道附近，但現在我們沒車，所以變成就算搭交通工具，還是得走一段路，而且邊走邊下雨，美景中伴著無奈，當下更激起我們想出書的動力，就是因為這麼的不順利，才更要寫，讓更多想在環英開車、自助旅行的人得到更多的資訊。

走了半個多小時，因為一手要拿地圖，此路途Edison無法很Man的幫忙扛行李，Sasa的手起水泡了，我們全身都濕透了，連頭上的毛帽都在滴水，最後終於抵達住宿的地方Travelodge(英國的連鎖Hotel)，這裡住宿環境乾淨且有衛浴、熱水壺(泡杯熱咖啡很棒)、電視……只可惜沒有共用廚房可以使用，因為英國超市賣的東西便宜又可口，適合自助旅行者自己下廚，但是在這又冷又餓的時候，看到熱水壺已經覺得很幸福了！

2

3

不死心的我們，怎麼想都覺得未來的一禮拜絕不能拖著大行李旅行！我們在旅館的接待所(Reception)借到一本關於租車公司的資訊，回到房間瘋狂的一家一家打了電話去詢問，能不能不用台灣駕照，只需國際駕照跟護照就可以租車，終於找到租車公司**U-Drive**！隔天早起立刻前往取車！

折騰了一天，終於拿到車，我們的心情大大的鬆了一口氣！之後可以按照規畫的行程走了，於是趕緊前往外星人到訪的地方**史前巨石陣**，開車從遠處看到Stonehenge很興奮。抵達目的地，一個人入門票要7.9英鎊。由於拿車時間較晚所以行程有點Delay，所以參觀完巨石陣就立即前往巴斯(Bath)，車程約1個小時。

1 沙里斯貝利大教堂
2 家禽十字
3.4 街景

沙里斯貝利大教堂
Salisbury Cathedral

- ✉ 6 The Close, Salisbury, Wiltshire, SP1 2EJ
- 🕐 4～10月週一～六9:00～17:00、週日12:00～16:00。11～3月週一～六09:00～17:00，週日12:00～16:00
- 💲 全票£6.5，兒童票(5～17歲)£3

家禽十字
Poultry Cross

- ✉ Silver St., Salisbury, SP1 2EJ
- 💲 免費

U-drive租車公司

- ✉ 90 Southampton Road, Salibury, Wiltshire, SP1 2LE

史前巨石陣 Stonehenge

- ✉ Off A344 Road, Amesbury, Wiltshire, SP4 7DE
- 🕐 春4～5月09:00～18:00。夏6～8月09:00～19:00。秋9月～10/15 09:30～18:00。冬10/16～3/15 09:00～18:00。3/16～3/31日09:30～18:00
- 💲 全票£8，兒童票(5～17歲)£4.8

進入哈利波特神祕魔法石的世界

格洛斯特 Gloucester　　拜伯里、牛津　　史特拉福

參觀完了巴斯天色已漸晚，趕緊前往晚上住宿的地方，位於格洛斯特，車程1個小時。格洛斯特在中世紀因建蓋**格洛斯特大教堂**而繁榮發展，此地也是彼得兔的作者畢翠斯・波特筆下《格洛斯特的裁縫》故事舞台，再加上《哈利波特・神祕的魔法石》的電影場景在格洛斯特大教堂拍攝，使這座安靜的城市，名聲更加響亮。

往拜伯里

Westgate St

Lower Quay St

格洛斯特大教堂
(Gloucester Cathedral)

Pitt St

停車場
(我們停在這裡喔)

College St

Northgate St

St. John's Ln

St. Aldate St

A4301 The Quay

Bearland

Barrack Square

Barbican Rd

Bull Ln

匯豐銀行
(HSBC)

The Oxebode

Longsmith St

遊客中心
(Tourist Information Centre)

Ladybellegate St

Clarence St

Commercial Rd

A4301

格洛斯特圖書館
(Gloucester Library)

格洛斯特美術館
(Gloucester City Museum)

格洛斯特碼頭
(Gloucester Docks)

Brunswick Rd

Hampden Way

Parliament St

Old Tram Rd

Cromwell St

1,2 格洛斯特大教堂
3 一大早教堂沒半個遊客，巧遇怪婆婆對
Edison喃喃自語，並且跟Edison眼對眼，展
開繞圈圈追逐比賽，膽小的Edison不管大
雪，趕緊離開怪異現場，呼！

格洛斯特大教堂
Gloucester Cathedral

✉ 12 College Street, Gloucester,
GL1 2LX

🕐 週一～六07:30～18:00，週日
11:45～14:45

$ 免費

http www.gloucestercathedral.org.uk

1 2 3

晚上住宿的地方Primier Inn是英國連鎖旅館，旅館位置大部分位在車子才能
抵達的地方，非常乾淨且大間，裡頭的設備跟昨晚住的連鎖旅館(Travelodge)
一樣齊全，等級完全不輸飯店唷！

由於昨天開車覺得有點危險，所以計畫早早出門，盡量不要開夜車喔！今天早上7點
多就出發了，剛走出Premier Inn，就看到天空飄起了小雪。哇！真是太棒了，沒有晴朗的
天空，至少來個雪色的景色也不錯。由於時間很早且下了大雪，所以路上人煙稀少，開起
車來更加的得心應手。開車最怕遇到下大雨，因為雨刷會來不及刷，但遇到下大雪，根
本不需要雨刷，開車視線良好，因為雪隨風亂飛。

格洛斯特大教堂是《哈利波特・神祕的魔法石》裡的電影場景——霍格華茲學院。裡
頭超美麗，當我們走進教堂裡的那一刻，彷彿真的進入了《哈利波特》的故事裡喔！外面
下著大雪且遊客稀少，所以可以盡情的拍照。

走訪最美麗的村莊與學術聖殿

拜伯里 Bibury　　　史特拉福　　　諾丁漢
牛津 Oxford

往史特拉福
A4144 Woodstock Rd
A4165 Banbury Rd
Parks Rd
Keble Rd
Blackhall Rd
A4165 St. Giles'
Sherrington Rd
路邊停車場
(我們停在這裡喔)
牛津自然史博物館
(Museum of Natural History)
新波德里安圖書館
(NewBodleian Library)
Museum Rd
South Parks Rd
St. Cross Rd
Walton Crescent
聖約翰學院
(St. John's College)
Pusey Ln
St. John St.
三一學院
(Trinity College)
瓦德漢學院
(Wadham College)
Savile Rd
謝爾登戲院
(Sheldonia Theatre)
Jowett Walk
Holywell St.
新學院
(New College)
Beaumont St 科學歷史博物館
(Museum of the History of Science)
貝利歐
(Balliol College)
Magdalen St
Broad St.
Catte St.
Longwall St.
遊客中心
(Tourist Information Centre)
Hythe Bridge St
George St
New Inn Hall St
Cornmarket St
Turl St.
Brasenose Ln
牛津嘆息橋
(Bridge of sighs)
Queen's Ln
Park End St
Tidmarsh Ln
Hollybush Row
耶穌學院
(Jesus College)
HSBC
Queen St
Market St.
林肯學院
(Lincoln College)
皇后學院
(The Queen's College)
萬靈學院
(All Souls College)
Rose Ln
聖彼得學院
(St. Peter's College)
市政廳
(Town Hall)
A420 High St.
聖瑪麗教堂
(St. Mary's Church)
大學學院
(University College)
A420 Oxpens Rd
Norfolk St.
Old Greyfriars St.
A420 St. Aldate's
基督教堂學院
(Christ Church College)
湯姆塔
(TomTower)
Rose Pl
愛麗絲的店
(Alice's shop)
Speedwell St.

1 拜伯里小鎮
2,3 拜伯里街景
4 不管是不是百年大雪，雪
  積得比車高，依舊不減
  Edison跟Sasa火熱的心

英國最美麗的村莊便是**拜伯里**，從格洛斯特到此約一個小時，一路上是雪茫茫的景色，提醒開車的人，記得遇到下雪不要慌，不管在平路或是高速公路上，請維持在最左車道且慢慢開就好，車速不要達到最高速限，因為真的很危險，寧願讓別人超你車，也不要理會是否擋到後面的來車。因為我們在高速公路上親眼看見翻了一台車。一路上的大雪紛飛，抵達拜伯里，大雪已把最美麗的村莊給覆蓋，整個景致超美，停車之後漫步其中，有種說不出的快活。

緊接著前往牛津，途中約1個小時，中間有經過一個類似收費站，要繳5便士(0.05英鎊)，約台幣2塊多。牛津跟劍橋是大家耳熟能詳，來英國一定要來的兩個地方。

拜伯里 Bibury

✉ Bibury, Gloucestershire, GL7 5NP

4

愛麗絲夢遊仙境的故事起源地

抵達牛津時天空大雪紛飛，快速找了付費停車場(2小時4英磅)，漫步在古色古香的牛津，每個建築物都充滿了它的故事及歷史，牛津有很多學院、圖書館、教堂、博物館，可以花上大半天享受其中。

牛津嘆息橋連接著赫特福學院(Hertford College)跟新學院(New College)，是以前學院裡的學生，考試必經之路，因為擔心考試所以嘆息連連，因此被命名為嘆息橋。

神學院是一座中古世紀的建築，也是現今最古老的大學，建築特殊複雜，有枝肋拱頂的天花板。神學院和包德廉圖書館(Bodleian Library)相通連接。

牛津自然史博物館是牛津大學收集自然史標本的地方，為哥德復興式建築。**謝爾登戲院**則用於音樂會、講座跟大學儀式，並不是用來表演戲劇。**瓦德漢學院**為瓦德漢所創辦的學院，死後由瓦德漢妻子接手，靠著堅強的毅力，致力於學院的事業。

另外，牛津不只是個學術殿堂，也是《愛麗絲夢遊仙境》故事的起源處。基督教會學院(Christ Church)斜對面有間**愛麗絲的店**，整間小店都是有關於《愛麗絲夢遊仙境》的商品，這故事的背景都是以牛津為主。

1

2

神學院 Divinity School
- ✉ Broad Street, Oxford, OX1 3BG
- 🕐 週一～五09:00～17:00，週六09:00～16:30，週日11:00～17:00
- 💲 免費

牛津自然史博物館 Museum of Natural History
- ✉ Park Road, OX1 3PW
- 🕐 國定假日與週二～日10:00～16:30，週一12:00～16:30
- 💲 免費

謝爾登戲院 Sheldonia Theatre
- ✉ Broad Street, Oxford, OX1 3AZ
- 🕐 3～10月10:00～12:30、14:00～16:30。11～2月10:00～12:30、14:00～15:30
- 💲 全票£2.5

瓦德漢學院 Wadham College
- ✉ Parks Rd, Oxford, OX1 3PN

愛麗絲的店 Alice's shop
- ✉ 83 Street Aldates, Oxford, OX1 1RA
- 🕐 週一～日10:30～15:00，1/1日12:00～17:00
- 🌐 www.aliceinwonderlandshop.co.uk

3

4

5

1 Edison愛上這古老建築及學識的
  氛圍，是談情說愛的最佳場所，是
  吧？Sasa大人
2 牛津嘆息橋
3 人像造型的簷嘴(Gargolyes)是排
  水孔，為哥德式建築物的一大特色
4 愛麗絲的店
5 牛津自然史博物館
6 林肯學院(Lincoln College)
7 Sasa一直尖叫，因為神學院太美
  囉，美得冒泡

6

漫步在莎士比亞的故鄉

史特拉福 Stratford-Upon-Avon　　諾丁漢　　劍橋

昨天看到英國新聞報導英國大雪肆虐，而台灣報導英國雪災，且是英國50年來最冷的3月，很多英國人都抱怨春天到哪裡去了。今天一早看到窗外沒有下雪，趕緊前往今天的目的地，出發前，先去把車子的油加滿。

今天的行程是前往莎士比亞的故鄉史特拉福雅拉河畔(Stratford-Upon-Avon)，車程約一個小時，路上的景色是雪白的，道路兩旁的雪，竟然堆得比車還高，讓我們又驚又喜，驚的是高速公路上的三線車道，有一線車道被雪給霸占了。而鄉村小路只有一線車道，不時看到對向車道被雪占住，車子只好開到我們的車道，所以一路上必須更加謹慎小心。

往史特拉福沿途中都是美麗的雪景，抵達後找到了一個立體停車場(1小時1英鎊)，由於是下雪的早晨且又逢週日，街上只有稀疏的人潮。我們漫步在莎翁的故鄉，尋訪關於他的建築物、歷史，每個建築物的屋頂都覆蓋了雪。

我們很慶幸選擇了開車旅行，有些不在市區、大眾交通沒有經過的地方，我們依舊可以前往。這是我們為什麼一直推薦旅行要開車的原因，既方便也不受搭車時間的限制。

尋訪莎翁 貼近大文豪的生活世界

莎士比亞出生地
Shakespeare's Birthplace

莎士比亞在1564年誕生於這棟房子，並在這裡度過童年，房子的外觀為都鐸式建築，到現在還保存得很完整。

✉ Henley Street, CV37 6QW
$ 全票£14.95，兒童票£9

納許之屋和新居
Nash's House & New Place

莎士比亞的孫女婿和孫女兒住在這裡，而莎士比亞退休就住在隔壁的新居，最後莎士比亞逝世於此地。

✉ Chapel Street, CV37 6EP

位於莎翁出生地旁邊，有一家專賣胡桃柑的商店唷，Sasa又開心得飛起來囉

霍爾園 Halls Croft

這是莎士比亞的大女兒和夫婿所居住的地方，
因為夫婿是一個醫生，所以房子內的擺飾品有
很多是當時醫生所需要的看診工具。

✉ Old Town, CV37 6BG

安‧海瑟薇之屋
Anne Hathaway's Cottage
& Gardens

這房子是由木條、磚塊、石頭所建造而成，房
子的屋頂以茅草覆蓋，外觀超有童話故事的感
覺，據說這是莎士比亞跟他老婆求婚的場所，
相當的羅曼蒂克。

✉ Cottage Lane, CV37 9HH
$ 全票£9，兒童票£5

瑪麗‧亞頓農場
Mary Arden's Farm

莎士比亞母親瑪麗‧亞頓的屋子，這屋子是由
好幾棟村屋組成的。裡頭陳設有農場馬車、農
場工具等等，相當的古色古香。

✉ Station Road, CV37 9UN
$ 全票£9.95、兒童票£6.5

1 霍爾園
2 莎翁與妻子的故居
3 農場外觀
4,5 路邊的雪比車高
6,7 聖三一教堂
8 哈佛之屋

哈佛之屋 Harvard House

這是約翰‧哈佛(John Harvard)母親所擁有的房子，母親死後留下很多遺產，讓哈佛有錢去美國創辦哈佛大學。

✉ High Street, CV37 6AU

聖三一教堂
Holy Trinity Church

莎士比亞在此教堂受洗，而死後也與妻子安‧海瑟薇埋葬在此。

✉ Old Town, CV37 6BG

🕐 3、10月週一～六09:00～17:00，週日12:30～17:00。4～9月週一～六08:30～18:00，週日12:30～17:00。11～2月週一～六09:00～16:00，週日12:30～17:00

$ 免費，參觀莎士比亞的墓地£2

➡ 地鐵Circle、District、Piccadilly Line至South Kensington站，步行5分鐘

小夫妻的英倫筆記 note

抵達史特拉福，可前往莎士比亞中心(Shakespeare Center)，購買莎士比亞之屋的聯票(Shakespeare House Ticket)，分為三屋和五屋的聯票。三屋聯票(莎士比亞的出生地、納許之屋和新居、霍爾園)：全票£14.95、兒童票£9.00。五屋聯票是三屋包含了安‧海瑟薇之屋、瑪麗‧亞頓農場，全票£22.5、兒童票£13.5。而這兩個地方需開車，或是至史特拉福火車站搭乘火車才能抵達。參觀時間常因活動而變動，請至網站查詢。

http www.shakespeare.org.uk

浪漫康橋與濃厚書香的古老學府

劍橋 Cambridge   契斯特   曼徹斯特   約克

平底船乘船處
聖墓圓教堂 (Round Church)
嘆息橋 (Bridge of Sighs)
聖靈橋
聖約翰學院 (St. John's College)
三一學院 (Trinity College)
聖瑪麗大教堂 (Great St. Mary Church)
市集廣場 (Market Square)
基督學院 (Christ's College)
匯豐銀行 (HSBC)
國王學院 (King's College)
時間吞噬者 (Corpus Clock)
皇后學院 (Queens' College)
數學橋 (Mathematical Bridge)
平底船乘船處
彼得學院 (Peter house)
費茲威廉博物館 (Fitzwilliam Museum)
免費路邊停車場 (我們停在這裡喔)
往布萊頓

Northampton St / Queen's Rd / Magdalene St / Bridge St / Trinity St / Park St / Jesus Ln / Sidney St / Hobson St / Manor St / King St / Willow Walk / St. Mary's St / Orchard St / Earl St / Victoria St / King's Parade / Bene't St / St. Andrew's St / Parker St / A1134 / Sliver St / Pembroke St / Tennis Court Rd / Fitzwilliam St / Regent Terrace / Trumpington St / Regent St / Gonville Pl / Harvey Rd / St. Paul's Rd / Cambridge Pl / Newnham Rd / A1134 / A603 Lensfield Rd / A1307 Hills Rd

一早就前往劍橋，路程約二個小時。一路上天空出現太陽，但卻沒有藍天。沒有藍天的照片就會有點慘白。約10點抵達劍橋市區，首先要做的是找停車位。但在市區停車費是如此的嚇人，10分鐘0.5英鎊，並限制最多只可停1小時，應該是不想讓劍橋市區有太多的車子太擁擠。離市區遠一點的都是1小時1英鎊。

我們打算今天一整天漫遊在劍橋，享受一下書香氣息，但是停車費隨便都5英鎊起跳，所以我們把車開到離市區遠一點的道路，展開一連串的搜尋，只要找到路邊有人停車、道路上沒有畫任何黃線、道路旁沒有任何指示牌，就不難找到免費停車格，有一個小祕訣，就是住宅區比較容易找到喔！果然我們幸運的找到了，就這樣子免費停了八個小時。停車的地方在Chedworth St.上，離劍橋不遠，走路只要10分鐘就到市區。

1 廣場市集超好買的，旅行時
　可以買當地蔬菜下廚喔
2 聖瑪麗教堂
3 費茲威博物館
4 聖墓圓教堂
5 聖約翰學院——夕照
6 嘆息橋
7 數學橋
8 聖靈橋

每個角度的風景都讓人愛不釋手

沿著Trumpington St.往King Parade走，首先會抵達**費茲威廉博物館**，可免費參觀，剛好遇到大型藝術作品正遷移到博物館的龐大工程。

館內收藏品大都是費茲威廉子爵捐贈，展示以美術珍藏品、雕刻品、陶瓷及瓷器為主，也收藏英國徽章等等。而博物館旁的彼得學院(Pererhouse College)，是劍橋最古老也最小的學院，免費參觀。

再往前走就會抵達劍橋大學最著名的學院**國王學院**。學院外觀的大門是哥德式雕刻，門口有精細的都鐸薔薇雕刻，禮拜堂內有扇形拱頂天花板，和令人敬畏、壯觀華麗的彩繪玻璃窗，處處都展現了雕工的精緻。

位於國王學院南側，是由兩位皇后的捐款下，所蓋成的學院，所以命名為**皇后學院**。學院內有一個著名的數學橋，據說這木橋原本是由牛頓設計，利用精密的算數且完全沒用到任何一個釘子。之後學生把木橋拆了，卻無法復原，只好利用釘子把橋重建好。學院對面的**聖瑪麗大教堂**，便是劍橋大學的中心位置，十八世紀是劍橋大學的畢業場所。教堂內可付費3.5英鎊爬上鐘樓，觀看整個劍橋。在教堂後方有一個**劍橋市集**，是劍橋最古老的市集之一，這裡平日販賣新鮮的水果、蔬菜。每到假日這廣場就成了劍橋最熱鬧的農夫市集，以及手工藝品攤位，是一個挖寶的好地方。

接著抵達劍橋最大的學院**三一學院**，學院內真的很大且中庭壯觀，從這學院畢業的傑出校友有20位諾貝爾得主、6位英國首相，例如：牛頓、詩人拜倫、查理斯王子等等。學院內有雷恩圖書館(Wren Library)，是克里斯多佛・雷恩設計。

位於三一學院旁的是劍橋大學的第二大學院**聖約翰學院**，這學院跨居康河兩岸，並以嘆息橋(The Bridge of Sigh)最為著名、及聖靈橋(Wren Bridge)。聖約翰學院對面的**聖墓圓教堂**是諾曼建築樣式教堂，教堂外觀是圓形的，不同於英國一般教堂採十字架形式。

被稱為時間吞噬者(Corpus Clock)的大鐘，位於科珀斯克里斯蒂學院(Corpus Christi College)路口，由24K金打造，價值百萬英鎊的大鐘，是約翰・泰勒(Dr. John Taylor)所設計的。時鐘頂部有一個大蝗蟲(Grasshopper)，沿著外圈的秒針不停的爬，每隔一分鐘下顎、眼皮和尾刺會動一下，彷彿在吞吃時間，每5分鐘會顯示一次精確時間。時鐘像一個侵吞時間的怪獸，表示時間一去不復返。

1

1,2 聖約翰學院
3 時間吞噬者
4 三一學院

劍橋人

1 人家太有型了，我們家的Edison怎麼差這麼一大點呢
2,4 劍橋學生的交通工具
3 劍橋的學生這麼敢穿唷，看到害羞囉
5 下午時刻，街頭的露天咖啡廳滿滿人潮，Sasa也前往
　 Caffé Nero點份下午茶
6 小朋友也也騎了劍橋專屬腳踏車，Cute
7 Sasa也喬裝起了劍橋學生唷

費茲威廉博物館
Fitzwilliam Museum

- ✉ Trumpington Street, Cambridge, CB2 1RB
- 🕐 週二～六10:00～17:00，週日與國定假日12:00～17:00，週一休館
- $ 免費

國王學院
King's College

- ✉ King's College, Cambridge, CB2 1ST
- 🕐 每年學期間會異動，拜訪前請上網站查詢。學期間：週一09:45～15:30，週二～五09:30～15:30，週六09:30～15:15，週日13:15～14:30。學期外：週一09:45～16:30，週二～日09:30～16:30
- $ 全票£7.5
- http www.kings.cam.ac.uk

皇后學院
Queens' College

- ✉ Silver Street, Cambridge, CB3 9ET
- http www.queens.cam.ac.uk

聖瑪麗大教堂
Great St. Mary Church

- ✉ Senate House Hill, CB2 3PQ
- $ 免費。高塔£3.5

劍橋市集
Market Square

- ✉ 2 Market Hill, Cambridge, CB2 3NJ(位於聖瑪麗大教堂旁)
- 🕐 週一～五08:00～22:00，週六07:30～22:00，週日10:00～16:00

三一學院
Trinity College

- ✉ Trinity Street, CB2 1TQ
- 🕐 雷恩圖書館週一～五12:00～14:00，學期內的週六10:30～12:30
- $ 免費參觀
- http www.trin.cam.ac.uk

聖約翰學院
St. John's College

- ✉ St John's College, Cambridge, CB2 1TP
- 🕐 10:00～17:00
- $ 全票£5，兒童票(12～16歲)£3.5
- http www.joh.cam.ac.uk

聖墓圓教堂
Round Church

- ✉ on the corner of Bridge St & Round Church Street, Cambridge, CB2 1UB
- 🕐 週一～六10:00～17:00，週日13:00～17:00
- $ 全票£1.5
- http www.christianheritageuk.org.uk

走在劍橋市區，注意周圍的建築物，會讓你有意外的發現唷！

- 屋頂上的太陽儀

- 柱子上的雕刻品

- 牆上的雕刻品

再別康橋 揮揮衣袖，不帶走一片雲彩

搭平底船體驗徐志摩的詩意情懷吧！

劍橋主要建築物大都落在同一條道路上。再往北走會抵達平底船乘船
處(Scudamore's Punting)，此處有很多人在兜售船票。建議大家來劍橋
一定要搭乘平底船，一個成人票價18英鎊、學生票價15英鎊。Sasa跟
兜售員說我們是學生、沒有帶學生證，可以給Discount嗎？結果兩個人
25英鎊(女生討價還價比較有用)。搭船最好在夕陽時刻，可以欣
賞夕陽光暉照在劍橋各學院的美景，沿路也會經過劍橋有名的
數學橋、卡萊爾橋、嘆息橋、聖靈橋等等。或是自己租船遊康河。
來劍橋一定要體驗一下徐志摩的再別康橋。揮一揮衣袖、不帶走
一片雲彩！

✉ Mill Lane, Cambridge, CB2 1RS
http www.scudamores.com

撐船的都是劍橋的學生唷，聽說
要品學兼優才可以從事這份工作

英國開車玩一圈

實用駕車手冊

作者／
Edison &
Sasa

太雅出版社

Drive Book

CONTENTS

英國租車公司比較網站

www.rentalcars.com

英國租車公司網站資訊

AVIS：www.avis.co.uk

Hertz：www.hertz.co.uk

Europcar：www.europcar.co.uk

Enterprise：www.enterprise.co.uk

SIXT：www.sixt.co.uk

Budget：www.budget.co.uk

Alamo：www.alamo.co.uk

Thrifty：www.thrifty.co.uk

Traveljigsaw：www.traveljigsaw.com.tw

搞懂租車規定，環島英國更自由

出發前，先上網預約車子

英國租車公司眾多、租車金額龐大，且租車費用皆以刷卡付費，建議前往英國之前，把租車事宜搞定，上英國租車公司網站預約車子，避免抵達英國時，資訊不足，訂不到便宜的車子，造成旅行上的緊張。預訂到車子時，請詳細記錄下取車地址、電話及租車公司給予的資料，例如預訂號碼(Reservation Number)。

英國租車年齡限制在21歲以上，有些租車公司限制25歲以上、30歲以上不等，因為年齡小，肇事率高。在英國租自排車的費用比租手排車貴很多，租車20天費用約差£100～200。至於車款，Compact車型、四門的車子就足夠2個人在英國上山下海囉！

租車必備資料

(1) 台灣駕照
(2) 國際駕照(本人攜帶2吋照片2張、身分證、原駕照正本、護照正本、台幣250元整至監理所辦理)
(3) 護照
(4) 來回機票(電子機票)
(5) 行程規畫表(住宿時間地點、旅行時間地點)
(6) 信用卡(刷卡付費得付1.5%的手續費，信用卡額度至少5萬元台幣＝£1,000。)
(7) 租車人的台灣英文版地址(中華郵政全球資訊網站內有中文地址英譯查詢)

以上所有證件名字，一定要是同一個人(名字要跟護照一樣)

要先看懂租車合約、保險內容

網路租車時，要看清楚合約內容。英國租車除了必備證件之外，還得了解租車合約、保險內容。

要注意的合約條款

● **年齡限制(Under Age Fee)**：租車年齡限制在25～75歲，若不在這年齡範圍內，租車保險費用會比較高，依租車公司而定。

● **換手駕駛(Additional Driver Fee)**：租車時，租車公司會再三確認車子是否會輪流駕駛，若有輪流駕駛，須附上其他駕駛的國際駕照、台灣駕照、信用卡等……保險費用會較高。

● **超過里程數費用(Excess Mileage Charge)**：有些租車公司會限制每天開車的里程數(例如：EasyCar)，若超過須額外加費用。有些不會限定，依租車公司而定。

● **失竊與碰撞意外免責(Loss Damage Waiver／LDW)**：於合約有效期間內發生車輛失竊或碰撞意外時，租的車子獲得適當的保障。而車輛此放在車上，導致車子被偷，是不理賠的。LDW通常不保輪胎跟擋風玻璃，實際保險範圍要跟租車公司確認。

- **碰撞意外免責(Collision Damage Waiver╱CDW)**：合約有效期間內發生車輛碰撞意外時，租的車子獲適當的保障。現在很多租車公司的CDW有包含車輛失竊部分。租車時需詢問清楚。一定要保！你不撞人，別人撞你，你就有保障。
- **最高的賠償金額(Maximum Damage Excess Charge)**：租車費用有含基本的保險費用，擦撞時，租車者須付上一筆費用，每家租車公司最高的賠償金額不同，約£500～1,000。
- **降低最高的賠償金額(Excess Damage Waiver)**：租車公司會詢問是否要另外投保Damage Waiver的保險，每天保費£6～10(視租車公司而定)，當車子發生擦撞，最高賠償金額降至£0～100內，簡單說，就是投保Damage Waiver保險，車子撞爛只須付£100以內，不須付到£1,000。建議租車務必加保。
- **還車地點額外費用(One Way Fee or Drop Fee)**：若租車公司有提供甲地租乙地還車的服務，須確認是否有收取額外費用。
- **乘客險(Personal Accident Insurance╱PAI)**：對駕駛者和乘車者的保障，包括醫療等開支。可保可不保，因人而異。
- **第三責任險(Supplementary Liability Insurance╱SLI)**：保障車子、駕駛者和乘車者外的第三者。可保可不保，因人而異。

其他注意事項
- 保險大都不包含加錯油及鑰匙不見。
- 取車和還車時，油箱是否須加滿。
- 租車是以1天24小時為單位，超過1小時也是算1天費用。
- 車子是手排還是自排，租車公司的自排車較少，須先預訂。
- 取車時需以信用卡支付押金約£100不等；還車時確認車子無損壞，即刷退押金。

開車自助小叮嚀

- 千萬不要抵達英國機場或倫敦，便立刻租車遊玩，英國為右駕，台灣是左駕，開車習慣必須適應，建議在郊區租車。
- 倫敦市區交通非常繁忙、道路狹小、車流量多，一旦開車進入倫敦市中心，每天須付一筆交通擁塞費用(Congestion Fee)£10。
- 英國租車自排車費用比手排車貴，價差約有£100～200。若在台灣很少開手排車，千萬別為了省錢，造成自己旅行上的不便(右駕不習慣、手排不熟悉、交通號誌不習慣)。英國開車旅行，自排車還是比較輕鬆。
- 建議找租車沒有里程數限制的租車公司，在英國開車自助旅行，保守估計每天約駕駛100英哩上下，避免里程數影響已計畫好的行程。
- 到租車公司取車時，若車子外觀有些許刮痕、損壞，需請租車公司記錄，保障自己。並了解車子的內裝功能(畢竟跟台灣的車子有些許不同，如車燈、方向燈、雨刷)，任何問題在離開租車公司前詢問完畢，以免影響旅行。

取車後，若自己攜帶衛星導航及歐洲圖資，請裝設完畢再離開租車公司。

學會看懂交通號誌與圓環規則

了解圓環交通規則

- 英國開車為**右駕**,開車方向跟台灣相反,在英國租車最好租自排,費用比較貴,但比較安全,因為你需要花些時間適應右駕。
- 開車時,行駛在郊區,盡量靠在最左邊車道駕駛,左邊是慢車道;若在市區,注意最左車道是否為公車專用道(公車專用道,小客車不可行駛),是的話,請開在右邊車道。
- 開車遇到圓環若沒紅綠燈,請先停下來,看右邊來車,讓圓環內的車子先行通過,等圓環內沒有車時,再開入。(出圓環者優先行駛,入圓環者需等待通行)。
- 圓環通常有**三個出口**、兩個車道,從左邊依圓環算起第一出口、第二出口、第三出口。
  左轉:第一出口,打左轉方向燈,保持在左側車道順著路左轉第一出口開出。
  直走:第二出口,保持左側經過第一出口,再順著路往前第二出口開出。
  右轉:第三出口,打右轉方向燈,進入圓環保持右側車道,再順著圓環開到第三出口開出。
- 若圓環內為三線車道更簡單,左轉維持在左邊線道,直走維持在中間線道、右轉則維持在右邊線道。
- 限速,台灣採用美規(公里/小時),英國採取英規(英哩/小時)。當限速寫50表示時速為50英哩/小時(英哩*1.6=公里),換成時速為80公里/小時。

- 英國開車,遇到對方閃你大燈,表示讓你先行。小城鎮遇到行人過馬路,先禮讓行人通過。
- 英國道路分3種,M、A、B這3類:
  M馬路為高速公路:時速限制70英里(112公里),高速公路不收過路費。
  A馬路為幹線道路:有些時速限制70英里(112公里),有些是60英里(96公里)。
  B馬路為悠閒鄉間道路:時速限制30英里(48公里),有些是40英里(64公里)。
  道路後面的數字:數字編號愈小表示這條路愈重要愈寬敞,例如A9、M7,重要的高速公路。若有4位數數字,例如B8004,表示這條路不會太寬敞。後來發現在英國開車,開高速公路跟寬廣的道路無法體驗開車欣賞村莊風景的樂趣,唯有鄉間小徑才是王道。

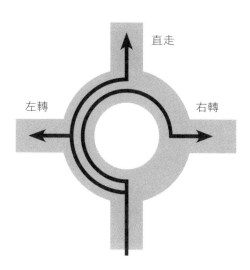

學習看號誌

小圓環

大圓環

道路縮減

前方200碼右車道縮減

轉彎減速

前方施工，遇紅燈請停車

警示，小心農車

警示，小心有雪

警示，小心騎馬人

警示，小心牛

警示，小心松鼠

警示，小心鹿

警示，小心鴨子

警示，小心羊咩咩

自駕危機處理

租車時，租車公司會給你遇到事故或車子有異狀時，撥打租車公司的服務電話、或24小時服務專線。還有一張發生事故時需填寫資料的卡片，請妥善保存。

遇到車子拋錨時怎麼辦？

STEP1

撥打租車公司服務專線，詳細說明現在車子地址。

STEP2

試著把車移到不妨礙他人的道路上。

STEP3

冷靜等待救援。

交通事故必需完成資料卡

每家租車公司資料卡不盡相同，此以U-DRIVE租車公司為例。

服務專線
發生交通事故，請撥打租車公司服務專線。

請乙方填寫的資料
如果你和其他車輛發生交通事故或是財產損壞，請完成這一張卡的每一個步驟。把第一部分撕下給予對方，第二、三部分保留給租車公司。

Third Party Drivers Name：姓名
Third Party Company Name：公司名
Telephone No.：電話
Vehicle Registration No.：車牌號碼
Address：住址
Insurance Company：保險公司
Date & Time of Accident：發生事故日期、時間
Location of Accident：發生事故的地點
Number of Occupants：乘客人數

租車公司的重要提醒
如果你捲入一個車子事故、車子竊盜、損壞、遺失車子，你當下沒立即通知租車公司服務專線，你將失去碰撞意外免責、擋風玻璃意外免責、最高賠償金額的好處。

1

ACCIDENT CLAIMS DECLARATION

U-DRIVE
YOUR LOCAL CAR & VAN HIRE COMPANY

IN THE EVENT OF AN ACCIDENT
PLEASE CALL THE U-DRIVE HELPLINE

0845 077 9718

www.u-drive.co.uk

2 **Instructions to all drivers.** If you are involved in an accident with another vehicle or property damage, please complete all sections of this card. **RETAIN THIS PART** and provide the third party with the tear-off section 1. **Posting section 2 & 3 to U-Drive**

Third Party Drivers Name...................

Third Party Company Name (if Applicable)...................

Telephone No...................

Vehicle Registration No...................

Address...................

Insurance Company...................

Date & Time of Accident...................

Location of Accident...................

Number of Occupants...................

3 **U-DRIVE**
YOUR LOCAL CAR & VAN HIRE COMPANY

HIRER

IMPORTANT: IF YOU FAIL TO NOTIFY THE U-DRIVE HELPLINE IMMEDIATELY YOU ARE INVOLVED IN AN ACCIDENT, THEFT OF, DAMAGE TO OR LOSS OF THE HIRE VEHICLE THE FULL EXCESS MAY BE APPLIED AND YOU WILL LOSE THE BENEFIT OF ANY COLLISION DAMAGE WAIVER OR WINDSCREEN DAMAGE WAIVER OR SUPER XS COVER PURCHASED.

處理交通事故的緊急三步驟

甲方：租車者　乙方：對方

STEP1

甲方撥打租車公司服務專線，詳細說明整個事故的發生經過。

STEP2

甲方請乙方填寫租車公司給予的資料卡，內容為乙方詳細的聯絡資料。填寫完，甲方妥善保留，交給租車公司。

STEP3

資料卡有部分是甲方需填寫聯絡資料，填寫完給乙方。

---

4 You have been involved in an accident with a Vehicle. Please telephone the U-Drive Helpline **immediately**. (This section is to be given to the Third Party)

Drivers Name.....................

Rental Location.....................

Vehicle Registration No......................

Date & Time of Accident.......................

Location of Accident.......................

Please call the U-Drive Helpline immediately.

U-DRIVE
YOUR LOCAL CAR & VAN HIRE COMPANY

0845 077 9718

5 *Accident Witness Details*

Name.....................

Address.....................

Telephone No......................

Name.....................

Address.....................

Telephone No......................

6 *Please use this area to sketch the accident scene*

0845 077 9718
www.u-drive.co.uk

4

甲方填寫的資料

若你已經發生交通事故，請立刻撥打租車公司服務專線(這部分請填完給對方)

駕駛人姓名：

租車地點：

車牌號碼：

發生事故日期、時間：

發生事故的地點：

5

事故目擊者詳細資料

（由甲方自行完成）

姓名：

地址：

電話號碼：

姓名：

地址：

電話號碼

6

請畫下車輛事故現場

（由甲方自行完成）

上路加油有學問

不同品牌加油站，牌價大不同

英國加油採取自助式，英國加油站(黃色貝殼、bp、TEXACO等等)汽油分為以下幾種：

Regular Diesel

145.9便士＝£1.459/1公升

Super Unleaded

品質更好的Unleaded，比£139.9還高價

Regular Unleaded

139.9便士＝£1.399/1公升

加油小提醒

○ **每天出發前，記得把油加滿**：因為我們不知下一個加油站在哪裡。

○ **市區加油貴爆了**：市區油價一定比市區外圍貴。市區若是Regular Unleaded=139.9(£1.399)，市區外圍Regular Unleaded就有可能是135.9、134.9。

○ **不要在Motorway加油**：Motoway是高速公路上的加油站(休息站)，會比較貴。

○ **善用加油站廁所**：廁所在商店內，記得人、車準備好再上路，因為有些市區的廁所要收費，免費的廁所又要找，很不方便。

○ **務必確認車子使用哪種油**：以免加錯油，把車子搞壞了，會罰很多錢。

○ **一定要加滿油的路段**：在蘇格蘭進到因佛內斯(Inverness)時，遇到加油站務必加滿油：山區規模較小的加油站ESSO，1公升144.9便士，市區加油1公升134.9便士，差了10便士，油加滿隨便也要10公升，這樣就差£1，若加20公升的油，就差£2。

○ **會員卡付費的加油站**：英國有些加油站，提供給持有會員卡的人加油，加油要先插入會員卡。針對國外遊客，若有遇到這情形，請不要緊張，只要選擇Pay at Kiosk，即可加油，並到商店裡現金付費。

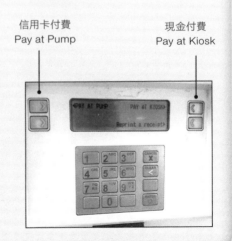

信用卡付費
Pay at Pump

現金付費
Pay at Kiosk

一定要學的自助加油

STEP1

前往自助加油站，選擇你
要加的油種，取出油槍。

油種看這裡

STEP2

加油機器會顯示目前油價，將油
槍插入車子油箱，按壓油槍不要
放，待油箱滿了，油槍會自動停止
不出油(此時油箱才算是滿的)。
螢幕會顯示加油的公升及價錢。

STEP3

到加油站旁的商店內報上你加油
的位置編號並繳費即可。

螢幕會顯示每公升油價

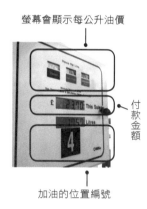

付款金額

加油的位置編號

知名度高的加油站

知名度高的加油站

小型加油站

私人加油站

開車當然要注意哪裡可停車

英國停車場有3種

■ 路邊沒畫紅黃線的免費停車場

免費停車場大都位於郊區，當看到路邊停了一整排的車子，且道路沒有畫上任何黃線、紅線，恭喜你，這就是免費停車場。例如湖區的溫德米爾城市、愛丁堡的St Margaret's loch。

位於市區旁的住宅區，路旁沒有藍色立牌、道路上沒有畫線、有車子停，也是免費停車場。例如湖區的波尼斯(Bowness)。

想最快了解當地是否有免費停車場，請詢問商家，商家會很熱情的告知。

持有Disc者，提供免費停車服務

■ 政府提供的限時免費停車場
(季節性、時段性免費)

● **限時免費**：有些路邊停車格旁有藍色立牌且寫上 Disc Parking，表示此地區提供1小時的免費停車服務，可前往道旁附近的商店，免費索取停車轉盤，拿到轉盤設定停車時的時間，放置儀表板上方，時間到再驅車離開即可。例如湖區的格拉斯米爾(Grasmere)。

● **時段性免費**：有些路邊停車場提供傍晚幾點之後不收費的服務，若在夏季拜訪英國，晚上8～9點才天黑(可玩得很晚)，這項服務很省錢。

● **季節性免費**：蘇格蘭的威廉堡(Fort William)在11～4月提供市區免費停車服務。

將轉盤調至你停車的時間

■ 收費停車格或平面停車場

需購買停車票或投幣才可停車。

英國停車貴，如何省錢很重要

○ **建議大家不要在倫敦開車**：倫敦市區停車一位難求且停車費用很高，5分鐘收費30p，最多可停2小時，一個小時為£3.6，也有1小時£1。

○ **市區邊緣較便宜**：市區路邊停車2小時£5.6、立體停車場2小時£7，市區邊緣1小時約£1，抵達大城市，可以選擇在市區邊緣停車。

○ **便宜的整天停車服務**：有些城市邊緣的停車場，有提供整天停車的服務，費用約£3～4，相當划算。例如：曼徹斯特的皮卡地里車站旁的停車場、利物浦的Lambert St。

£3.70停整天，超便宜

○ **超市購物停車**：市區的大型超級市場，有提供買方免費停車服務，限定停車時間約1～2小時，若購買東西再免費停車，也滿划算的。但逾時可就會被罰款。

○ **淡旺季停車**：郊區的停車場有分淡季不收費，旺季收費的服務。例如蘇格蘭的奧古斯塔斯堡(Fort Augustus)。

如何購買停車票

STEP1　找停車格

路邊有藍色立牌，內容有寫P或Parking，路旁有未停車的停車格，就可以停車囉！若藍色立牌內容為Permit Holder Only，表示是居民才能停車。

停車區

估計停車時間，投入正確硬幣(5p、10p、20p、50p、£1、£2)，售票機器不找零的

STEP2　找尋路旁的售票機器

STEP3　把停車票置於儀表板上方

讓檢票人員可以從玻璃清楚看到。有些停車票類似貼紙，可以貼於車內玻璃上。

停車票、將停車票貼於車內擋風玻璃上

詳讀停車內容及票價，票價以小時計費

有些售票機器會要求輸入車子的車牌或是車牌上的數字，作為辨識用途

按下綠色按鈕，停車票就到手囉！

STEP4　清楚記下停車時間

可用手機設上鬧鈴。請於付費時間內，把車給移開。若停2小時，務必於2小時內離開，英國法令嚴格，差1分鐘，罰單就是£60起跳，視每個地方而定。

記得使用GPS讓你通行無阻不迷路

GPS小錦囊

- 英國租車有附加租賃衛星導航，按天計算通常為£6～10，費用高。建議從台灣帶衛星導航，並在台灣購買Garmin歐洲圖資(約台幣3,000元)。

英規儀表板

- 英國的車，車內的轉速錶是採英規，所以儀錶板的英里顯示比較大、公里的比較小，跟台灣相反(台灣採美規)，所以看儀錶板時，通常會一時之間反應不過來，若有攜帶台灣衛星導航，只需專心開車，衛星導航會提供即時的限速(英里換公里)及路線服務。

- 英國地大物博不能沒有衛星導航喔！只要開錯路，需繞很遠才能再繞回正確道路，假如在高速公路上，下錯交流道真的會想哭。如果是晚上又開錯路，安全真的是一大隱憂。建議大家在英國開車自助旅行時，盡量別開夜車，盡量早起出門遊玩，在天黑時抵達目的地，這樣才是最安全的喔！！這是最忠心的建議。

關於旅館，好用的GPS定位資訊

城　市	旅　館	旅　館　地　址	郵遞區號	費用
倫敦	YHA	St. Pauls, 36 Carter Lane	EC4V 5AB	£56.25
沙里斯貝利	Travelodge	A303 Eastbound, Countess Services	SP4 7AS	£27
格洛斯特	Premier Inn	Barnwood, Gloucester, Gloucestershire	GL4 3HR	£29
牛津	Travelodge	Moto Service Area, Peartree	OX2 8JZ	£53
契斯特	Premier Inn	76 Liverpool Road, Chester, Cheshire	CH2 1AU	£35
曼徹斯特	Premier Inn	Medlock Street, Manchester	M15 5FJ	£29
紐卡斯爾	Premier Inn	The Quayside,Lombard Street	NE1 3AE	£29
愛丁堡	Premier Inn	228 Willowbrae Road	EH8 7NG	£61
因佛尼斯	Premier Inn	Glenurquhart Road	IV3 5TD	£29
威廉堡	Travelodge	High St	PH33 6DX	£35
格拉斯哥	Travelodge	251 Paisley Road	G5 8RA	£30
溫德米爾	B&B	26 Ellerthwaite Road	LA23 24H	£54
Blackburn	Premier Inn	Riversway Drive, Lower Darwen	BB3 0SN	£41
諾丁漢	Premier Inn	Castle Bridge Road	NG7 1GX	£39
劍橋	Travelodge	Kings Hedges Road	CB4 2WR	£25
布萊頓	Premier Inn	144 North St, Brighton, East Sussex	BN1 1RE	£59
坎特伯里	Travelodge	Gate Service Area, Dunkirk	ME13 9LN	£19
倫敦	Travelodge	1-23 City Road	EC1Y 1AE	£45

物美價廉停車場，好用的GPS定位資訊

城 市	費 用	停 車 地 點	停 車 地 址	郵遞區號
巴斯	2小時£2	路邊	Westgate street	BA1 1EY
牛津	2小時£4	路邊	Museum Road	OX1 3PX
史特拉福雅拉河畔	2小時£2	立體停車場	Windsor Street	CV37 6NL
契斯特	2小時£4.8	立體停車場	Chester Bus Exchange 旁邊的Car Park，Priness St	CH1 2HH
曼徹斯特	1整天£4	(皮卡地里車站)附近	Manchester, Lancashire	M1 2GH
杜倫	1小時£1	路邊	Durham crossgate car parking	DH1 4PS
安尼克	2小時£1	路邊	greenwell Road	EN66 1NQ
愛丁堡	2小時£4.4	路邊	Canongate路邊	EH8 8BP
愛丁堡	Free	路邊DUKE'S WALK	St Margaret's loch EH8	EH8
因佛內斯	Free	Tesco Metro	Tomnahurich Street	IV3 5DD
奧古斯塔斯堡	旺季才收費	平面停車場	canal side	PH32 4DD
威廉堡	11～4月免費	平面停車場	west end car park-Achintore Rd(A82)	
格拉斯哥	1小時£1	平面停車場	Weaver Street	G4 0RD
波尼斯	Free	路邊：地上沒畫黃紅線	Quarry Brow	LA23 3DW
凱希克	Free	路邊：地上沒畫黃紅線	Otley Road	CA12 5LE
格拉斯米爾	Free	路邊停車場	College Street	LA22 9SZ
安布塞德	Free 不超過1小時	Disc Parking	Compston St	LA22 9DJ
安布塞德	1個小時£1.8	平面停車場	Waterhead碼頭	LA22 0ER
利物浦	超過3小時£3.5	平面停車場	Lambert St	L3 8NG
諾丁漢	1小時£1	平面停車場	Collin St.	NG1 7EQ
劍橋	Free	路邊停車場	Chedworth St	CB3 9JF
溫莎	1小時£1	路邊停車場	Barry Avenue	SL4 1QX
坎特伯里	1小時£1	平面停車場	Northgate Street	CT1 1WL

如何規畫自己的夢幻行程

規畫開車路線超簡單

1 首先手邊要有一張
英國地圖

2 把想要去的城市
圈起來

3 畫線把各城市
連接起來

4 確定去程與回程的
交通路線方向

地圖上若出現類似圓形的形狀，表示
出發跟結束是同一個地方。購買機票
跟租車時，去程跟回程要同一個地方。

地圖上若出現一條彎曲的線，表示出發跟
結束是不同地方。購買機票時，去程跟回
程依照出發跟結束的地方。租車公司要提
供甲地租車，乙地還車的服務。

5 估算在城市中的
停留天數

一般城市：停留天數大都估計1天。
首都 —— 倫敦：停留天數估計5～7天
大城市 —— 愛丁堡、約克：停留約2天
蘇格蘭高地：停留天數估計2～3天
湖區 —— 溫德米爾：停留約3～4天

6 列出郊區的
必訪景點

城市之間(郊區)必訪景點，郊區有美
麗的小村莊、威士忌酒莊、牧場、世界
遺產、地標、Outlet等等，這些交通不
便，開車才能抵達的地方，位於大城
市跟大城市之間，規畫行程時要加入
路程的時間考量。

小村莊：拜伯里、小熊維尼故鄉 —— 維尼村
威士忌酒莊：威雀、帝王、格蘭菲迪、麥卡
倫
牧場：高地牛牧場、羊駝牧場、蘇格蘭高地
有很多路邊的牧場，你一定會停下參觀羊
群、牛群
世界遺產：史前巨石陣、噴泉修道院
地標：英格蘭蘇格蘭交界、北方天使
Designer Outlet：牛津、約克、契斯特

製作個人的行程規畫表

完成上述步驟後，行程規畫路線圖已經完成。接下來一定要製作屬於自己的行程規畫表。行程規畫表務必要清楚標示以下內容：

1. 每天行程日期
2. 每天拜訪的城市、拜訪的景點地址
3. 每晚的住宿地址
4. 城市停車場的郵政編號(Post Code)，書裡都有提供唷

預估時間&距離
(估算方法見P.89)

範例：Edison的行程規畫表

日期			
3/22 (週五)	城市	巴斯Bath	
	市區停車場 (Post Code)		34.7英里 56min
	城市景點 (Post Code)	羅馬浴池(Roman Bath)：Stall St, Bath, BA1 1LZ	
Sleep 3/22 (週五)	城市	格洛斯特Gloucester	
	市區停車場 (Post Code)		24.9英里 37min
	城市景點 (Post Code)	格洛斯特教堂(Gloucester Cathedral)：12 College St, Gloucester GL1 2LX	
	住宿地址 (Post Code)	Barnwood, Gloucester, Gloucestershire GL4 3HR	
	訂房號碼 (Confirmation Number)	Premier Inn：AJWR104058	
	訂房名字 (Reservation Name)	填寫訂房名字	
3/23 (週六)	途中景點	拜伯里(Bibury) 12 The Street, Bibury, Gloucestershire GL7 5NP	

- 英國的郵政編號(Post Code)，一個編號只代表2～3個建築物。GPS只要輸入郵政編號，即可正確抵達目的地。

- 行程規畫表一定要簡單清楚明瞭，讓在機場的海關人員或是租車公司人員，也可以很快速的了解我們的行程規畫喔！

- 行程天數可依個人的喜好而調整。若旅行時，參觀的城市較多，時間會較緊湊；參觀的城市較少，時間上會比較悠閒。

事先輸入GPS，以便旅途中快速查找

行程規畫表完成後。把每天的城市景點、住宿、停車場地址，輸入到GPS，方便英國開車使用，省掉旅行時輸入地址的麻煩。

英國小檔案

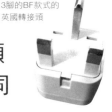
3腳的BF款式的
英國轉接頭

貨幣與匯率

　　貨幣單位是英鎊(£)，最小單位是便士(p)，£1=100p=約台幣46元，匯率可上台灣銀行網站查詢。紙鈔種類：£50、£20、£10、£5。英國硬幣有好幾種，其中£2外觀是金銀色外觀，辨識度高。

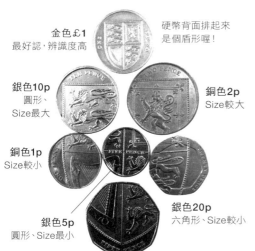

金色£1
最好認，辨識度高

硬幣背面排起來是個盾形喔！

銀色10p
圓形、Size最大

銅色2p
Size較大

銅色1p
Size較小

銀色20p
六角形、Size較小

銀色5p
圓形、Size最小

銀色50p
六角形、Size最大

　　英格蘭、蘇格蘭、北愛爾蘭、曼島(Isle of Man)都有獨自發行貨幣，在英國皆可使用，不過台灣換鈔只接受英格蘭發行的貨幣。英國旅行結束時，別忘了手中貨幣一定要是英格蘭發行的貨幣喔！

英格蘭紙幣　　　　蘇格蘭紙幣

電壓、插頭與台灣不同

　　英國的電器插頭是3腳的BF款式，因此台灣的電器產品無法直接使用，需購買轉接頭。台灣電壓是110V，英國電壓是240V，頻率50Hz。一般電子產品，如NB電源、相機充電器等等都有一個變壓器，只要換上3腳的BF款式的轉接插頭就可在英國使用。吹風機則是需要攜帶高功率(1600w)變壓器、及轉接插頭才可以使用。

5月遊英最適合；夏季熱，旅費偏高

春天：3～5月，氣溫約6℃～15℃左右。5月高溫可達18℃。推薦這季節拜訪英國，可同時體驗冬末春初並欣賞到不同景色，且費用低，遊客少。

夏天：6～8月，氣溫約14℃～30℃左右，日間溫度偏高，入夜轉涼。旅遊旺季，花費會較高，遊客多，訂房間不容易。

秋天：9～11月，氣溫約7℃～18℃左右，9月較暖，11月溫度驟降。

冬天：12～3月上旬，氣溫約1℃～5℃。

時差

冬令時間：比台灣慢8小時。冬天白晝最短約7～8小時。

夏令時間：3月最後一個週日(復活節當天)，到10月最後一個週日，比台灣慢7小時(實行日光節約)。夏天白晝長，晚上20:00～21:00天空還是亮的。

自來水可生飲

英國的自來水大部分是硬水，但不需煮沸，可以把水龍頭打開直接喝喔！若是擔心水土不服，建議去超市買礦泉水。

治安良好，
不用太擔心

英國算是歐洲比較安全的國家，但還是要小心，在觀光客較多的城市，個人隨身證件、電子產品保管好，旅費分開放。購買東西盡量以小面額的紙幣購買，錢財少露白、以免扒手找上門。基本上英國治安良好，可以放鬆心情拜訪。

小費大多
含在餐費內了

英國餐廳的費用大部分都包含了服務費，若覺得服務生服務態度滿意，可給予小費。如果餐廳的費用未包含小費，或是結帳時明細單上寫著，所有費用不包括小費，那麼用完餐可以留小費在桌上，小費約為總金額的10%以內即可。

不同的樓層算法

英國的1樓稱為Ground Floor，2樓稱為First Floor以此類推，地下室稱為Basement。

所以Check in旅館時，櫃檯人員說房間在Second Floor，記得要走到3樓唷！還有要搭電梯到1樓，記得電梯按鈕按G喔！

英國電信業者

現代人必備的
上網吃到飽

在台灣每個人習慣利用手機查資訊、無線上網吃到飽的服務，若在英國旅行還在用漫遊服務、國外上網服務，旅行結束後回到台灣，收到手機帳單一定會笑不出來，因為荷包會大失血，費用如此昂貴。所以英國旅行務必要跟台灣的電信業者說Bye-Bye。在英國旅行，若攜帶智慧型手機並且可以無線上網，這對於英國旅行是一項大大的方便。

英國電信業者：O2、T-Mobile、Vodafone、Three、giffgaff等等。

如何購買吃到飽方案
第一步驟
攜帶智慧型手機前往市區找尋Three這一家電信業者，招牌是一個大大的3，黑底白字。

第二步驟
說明你是來英國旅行，要買「Pay As You Go – Comes with an All in One 15 Add on」的SIM卡，這張卡在英國境內有300分鐘通話(倫敦網內外&市話皆可用，但不能打國際電話)、簡訊3,000封、網路吃到飽，這張卡的有效期限是開通後30天。費用為£15。

第三步驟

確認購買的方案無誤後，更換SIM卡即可使用。若智慧型手機是iPhone，請門市人員幫你更換成Three的SIM卡。(門市人員會在你購買SIM卡前，再三的確認iPhone上的SIM卡是否無Lock，通常在台灣購買的iPhone，SIM卡都無Lock，所以是沒問題的)

第四步驟

保存好台灣的SIM卡。盡情的享受比台灣費用還低、品質更好的無線網路。

Three網址：

store.three.co.uk/SIM_Only/Voice_Pay_As_You_Go

從英國撥電話回台灣

1. 建議大家若在英國想跟台灣的親友聯絡，有英國無線網路吃到飽的服務，即可使用一些免費的APP通訊軟體，大大的省下了國際電話費用。

2. 使用公用電話撥打國際電話

Three門市

英國撥往台灣：

00+81+

去除區域號碼與行動電話的第一個0後，撥打對方的電話號碼

台灣撥往英國：

002+44+

去除區域號碼第一個0後，撥打對方的電話號碼

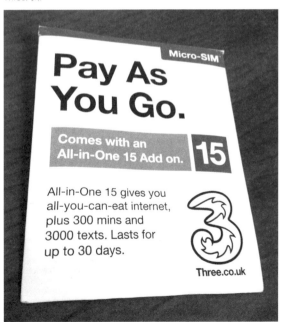

15英鎊，網路吃到飽

出發前，先做好基本功

趕緊購買便宜機票

行程規畫完，確認出發跟返回日期，當天是否有便宜的飛機票價。飛機票分成一個月票、三個月票、六個月票、年票。越早開始比較票價，可以找到更便宜的機票，有些航空公司會有促銷票(例如越航推出票價1人台幣18,075元含稅)，價格很優惠。前提是時間要確定，若更改機票日期要付額外的手續費。

購買機票分成刷卡價跟現金價：

刷卡價

有些旅行社刷卡價會比現金價貴，有些旅行社刷卡價跟現金價一樣。差別在於購買機票刷卡，會依照你的信用卡卡片類別，提供保險、接機的服務。

現金價

若刷卡價比現金價貴，自己有高額的旅行險，或自己沒有信用卡，則可選擇現金價購票。

此旅程搭乘越南航空公司，很驚訝經濟艙每人託運行季限重30公斤！越南航空在越南胡志明市轉機要等待12小時，有提供免費的胡志明市區導覽，免費的旅館休息。班機上有提供免費兩餐、餅乾、酒精飲料。以服務品質跟價格來論，C/P值超高。

有提供購買機票服務的旅行社：

易遊網：www.eztravel.com.tw
可樂旅遊：www.colatour.com.tw
吉帝旅遊：www.ggogo.com
雄獅旅遊：www.liontravel.com
101票務：www.101vision.com
玉山票務：www.ysticket.com
燦星旅遊：www.startravel.com.tw

上網訂房有訣竅

英國訂房愈早訂愈便宜，去程和回程班機確定購買後，依照規畫路線確認每天晚上住宿旅館。

- 旅館離市區近，住房費用較貴，市區旅館有些沒有提供免費停車場。市區過夜停車費很貴，但市區的好處是抵達旅館後，觀光非常方便。

- 旅館離市區遠，通常會有免費的停車場，且住宿費用會較便宜。

- 網路訂房有兩種方案：
  Flexible：先付押金，抵達再付尾款。
  Saver：全額付清，住房費用會比Flexible便宜超多，但不能更改住房時間、不能退費。(網路訂房需刷卡，每刷一筆手續費£2)。

YHA，持卡享優惠

住房費用以人頭計算。住房費用早預訂跟晚預訂價格一樣，持YHA卡有折扣。越多人住同一間房間，價格愈便宜，相對單人房較貴。衛浴設備是共同的、沒提供電梯。有些提供廚房使用，有些沒有，需確認。YHA一個人約£20起跳，雙人房一間房間一晚約£60

YHA網址：www.yha.org.uk

房間設備　　旅館門口

Premier Inn旅館門口　　　　　　Premier Inn的房間衛浴　　　　　　Premier Inn的房間設備

Premier Inn，是我們的最愛

　　住房費用以一間房間計算。房間有獨立衛浴設備且提供浴巾、毛巾、沐浴用品。房間內有提供液晶電視、熱水壺、衣架衣櫥、也有提供咖啡和Twinings的茶。旅館有電梯、停車場(郊區是免費，市區要確認是否收費)、吹風機。若住得不舒服，於退房前12小時提出反應，給予改善，若依舊無改善，則提供退費服務。

Premier Inn網址：www.premierinn.com

Travelodge有獨立衛浴，
提供沐浴用品

Travelogde旅館門口

　　住房費用以一間房間計算。房間有獨立衛浴設備且提供浴巾、毛巾、沐浴用品。房間內有液晶電視、熱水壺、衣架衣櫥、有提供咖啡和Tetley的茶、電梯、停車場(郊區是免費，市區要確認是否收費)，沒有提供吹風機。

Travelogde網址：www.travelodge.co.uk

Travelogde的房間衛浴

不定期有優惠，要多注意
以上兩個連鎖旅館會不定時推出一間房間只要£19，越早訂越便宜，我們超級推薦Premier Inn唷！是我們最喜歡的一家旅館！

B&B，有豐盛的早餐

住房費用以房間計算居多。住房費用包含很豐盛的早餐，費用依照每一間B＆B而不同，需多比較。訂房時B＆B會索取信用卡卡號及信用卡背後3碼(以台灣來說，容易被盜刷)，但這是英國旅館訂房規則，必須給。住房費用可刷卡或抵達時付現金。

B＆B住房費用有分淡旺季，依房間大小、人數而不同，雙人房一間房間一晚約£60～80。

建議湖區可以住在B＆B，一個人住房費用約£30～35，能體驗英國當地民宿、享用英式早餐，體驗英國風情。

B&B網址：www.bedandbreakfast.com

旅館門口

房間設備

預訂超便宜優質旅館

想要訂到便宜的超值旅館，越早訂越便宜，半年前訂超級便宜。網站會有一間房間只要£19的優惠，抓到時機，可省下很多旅費。

 再三的確認時間不會更改

行程規畫已確定、機票已買好，再三的確認時間不會更改。

2 **在Premier Inn的網站輸入每晚住宿的城市**

每天住宿地點確定後。請優先至Premier Inn的網站，輸入每天晚上住宿的城市，網站便會秀出Flexible、Saver價格，分別記錄離市區最近的旅館和每天住房費用。住房細節要確認停車場是否免費。通常Saver會比Flexible低很多很多(說明請見下頁)。

3 **至Travelodge的網站尋找更便宜的旅館**

若某一天Premier Inn的住房費用較高，請至Travelodge的網站尋找更便宜的旅館。

 刷卡訂房囉！前提是訂房後不能退房

查詢完畢，若每天住房價格位於£20～30，快點刷卡訂房囉！前提是訂房不能退房。再三叮嚀行程表要很確定。

5 **若住房費用太高，調整一下行程表**

若某城市住房費用，有一天比較貴(通常星期五、星期六會比較貴)，可挑選離市區遠一點且費用較低的旅館作為調整。假如遇上Bank Holiday(國定假日)，住房費用高得嚇人，可調整一下行程表。

6 **務必抄下訂房號碼** Booking Reference Number

訂房成功後，務必抄下訂房號碼(Booking reference number)。通常旅館會寄發成功信件，若沒收到，抵達旅館時，給予訂房號碼或訂房名字即可Check in。

 以郵政編號為主，輸入衛星導航

訂房完畢，分別記錄每天旅館的地址，以郵政編號(Post Code)為主，並輸入衛星導航，方便日後旅行使用。

舉例：某地址為50 Pingle Drive, Bicester, Oxfordshire, OX26 6WD，OX26 6WD此為郵政編號，英國的郵遞區號跟台灣不一樣，英國一個郵遞區號大都表示2～3個建築物，只要記得郵遞區號就可以找到目的地。

旅行叮嚀

我們的住宿經驗

　　這一趟的旅程,住了Travelodge和Premier Inn,我們都有同一個想法,住了Premier Inn就會很不習慣Travelodge,但Travelodge還是比YHA來的好,至少房間都是有含衛浴設備且有液晶電視、熱水壺、衣架衣櫥、有提供咖啡和茶、吹風機,重點是空間很大、有電梯,因為我們有大行李箱,房間位於2樓的話,沒電梯會想哭(倫敦住聖保羅YHA,住在2樓,扛兩個大行李箱真是要Edison的命),而且在房間會把行李箱打開,需要空間。

　　抵達英國前,在台灣辦了YHA卡,後來發現開車旅行的旅客應該不會選擇房間小、浴衛設備與其他人共用(曾經住在倫敦YHA時,有人喝醉酒亂吐,味道臭死了)、沒有停車場(市區的停車費很嚇人的)等等。

　　我們的胃口被Premier Inn養大了,Premier Inn有很便宜的房價、很有優質的服務(住得不舒服可退費的服務)、有質感的硬體設備。

善用Google Map估算車程

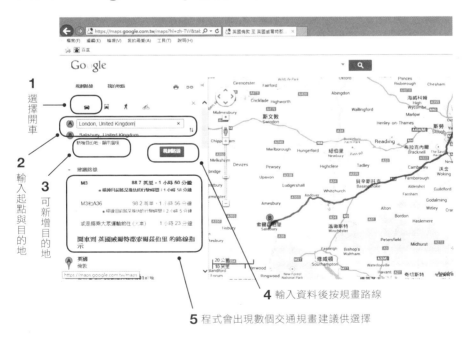

1 選擇開車

2 輸入起點與目的地

3 可新增目的地

4 輸入資料後按規畫路線

5 程式會出現數個交通規畫建議供選擇

旅費要怎麼帶？有技巧！

外幣提款卡好方便

去英國旅行，身上不想帶著厚厚的英鎊現金、旅行支票，深怕不小心旅費沒保管好，接下來的旅行無法繼續。教大家最方便的招術，使用外幣提款卡，在英國一卡在手，方便無窮。

申辦外幣提款卡

 攜帶雙證件、印章至匯豐銀行

攜帶雙證件、印章至匯豐銀行，開立匯豐卓越理財台幣及外幣帳戶。

 申辦英鎊類別的外幣提款卡

申辦英鎊類別的外幣提款卡，費用為台幣300元。

 請到匯豐銀行更改4位數的磁條密碼

收到匯豐銀行寄發的外幣提款卡，請到匯豐銀行更改4位數的磁條密碼，國外ATM領錢不用晶片密碼，用磁條密碼。

 留意台幣兌英鎊的買進匯率

注意台幣兌英鎊的匯率，逢低買進。

⑥ 把英鎊帳戶的錢，轉到外幣提款卡帳戶

出國前，記得登入匯豐網路銀行，把英鎊帳戶的部分英鎊，轉到外幣提款卡的帳戶，這樣子在國外才可以使用。需要多少英鎊轉多少英鎊，避免外幣提款卡遺失被盜領。

注意事項

1. 開立匯豐卓越理財帳戶，帳戶需月平均維持在300萬台幣，若低於300萬台幣，每月需收取帳管費台幣1,000元。但對於英國旅行，花台幣1,000元換取領錢方便，何樂不為。
2. 在英國使用外幣提款卡領取英鎊，英國匯豐銀行(HSBC)的ATM據點眾多，且不收取手續費(非HSBC的ATM有手續費用)。每次領取金額上限為£545，不限提領次數。
3. 外幣提款卡提取的英鎊現金是從英鎊帳戶提取，不是從台幣帳戶，所以沒有匯差問題。
4. 若英鎊帳戶金額不足，外幣提款卡則無法提領到英鎊現金。
5. 申請外幣提款卡的工作天約5～10天。

這次旅行，我們選擇用外幣提款卡。但也介紹信用卡跟金融卡給大家，可依個人喜好選擇。

金融卡跨國提款

在國外使用金融卡提款成功時，依領取金額及當時匯率換算為新台幣。手續費依照每家銀行而不同。

手續費 = 基本手續費＋領取的英鎊轉換為台幣後的0～2%

好消息：持HSBC匯豐金融卡至英國HSBC ATM領錢，不收手續費，只有當下的匯差風險唷，比外幣提款卡來得划算。

確認國內金融卡，
申請跨國提款功能

確認國內金融卡背面有沒有Cirrus或Plus這兩個符號，有的話可以申請跨國提款功能。請至該銀行櫃檯申請。

確認並更改金融卡
磁條密碼

確認並更改金融卡磁條密碼，國外領錢不用晶片密碼，以磁條密碼為主。

3 ATM有Cirrus或
Plus，即可提款

國外提款時，只要ATM有Cirrus或Plus這兩個符號，即可輸入磁條密碼提款。

信用卡消費

請攜帶一張台灣任何一家銀行的信用卡，若英鎊帳戶內的英鎊使用完，可使用信用卡消費，手續費每家銀行皆1.5%，不再收取其他費用。

行前待辦事項(檢查後請打V)	
	行程規畫
	訂機票
	辦理護照
	國際駕照
	匯兌
	申辦國際提款事宜
	證件備份
	行李打包
	處理保險事宜

開車環英一個月，預算是個大學問

以下為2人共同花費(英鎊兌台幣=1：46)，費用皆以信用卡支付，沒有攜帶現金的問題。

租車費用 (20天)

656.64英鎊=台幣30,206元

一天租車平均32.9英鎊。倫敦市區待7天，皆以步行及搭車方式深度旅遊。郊區選擇租車20天，自駕暢遊英國。

旅館費用 (雙人房31天)

1,332英鎊=台幣61,272元

倫敦8天住在YHA，一天雙人房花費56.25英鎊。其餘23天住在Travelodge、Premier Inn(平均一天雙人房房價為38.34英鎊)。若把握本書的訂房大絕招、且不住YHA，旅館費用可再便宜。

來回機票費用 (含機場稅)

1人台幣31,819元，2人為台幣63,638元

機票有分淡旺季，因月份、航空公司、轉機地方不同、而票價不同。越南航空推出票價有1人台幣18,075元。推薦C/P值超高的越航，票價低、轉機有免費的城市導覽、免費的旅館休息及餐點。

加油費用 (租車20天)

361.33英鎊=台幣16,622元

平均每天加油費用18英鎊。
總里程數=2,237英哩=19,243公里=環島台灣16圈。

停車費用

54英鎊=台幣2,484元

無線網路費用

2張SIM卡)：30英鎊=
台幣1,380元

門票費用

155.3英鎊=台幣7,144元

倫敦交通、火車費用

276英鎊=台幣12,696元

Getwick機場至倫敦市區(2人去程回程)：40英鎊。倫敦市區皆可以步行抵達，較遠的地方搭乘地鐵或巴士。火車費用144英鎊(倫敦到沙里斯貝利來回車票2張)，一趟一個人36英鎊，相當貴。還是開車便宜。

三餐費用

570.53英鎊=台幣26,245元

倫敦市區吃的費用相對較其他城市高，剛好可以截長補短。這趟2人旅行，想嘗試各種美食，所以都是點一份，避免太飽而錯過其他美食。三餐費用因人而異、可調整。

以上費用做為英鎊現金攜帶參考，2人約1,448英鎊。此旅行總花費為台幣221,724元。平均一個人花費為台幣110,862元。利用上述的例子，可提供攜帶旅費的參考，但英國有很多Outlet，很多有質感的紀念品，請依個人想血拼的預算，再多準備一些英鎊。

快速打包小祕訣

隨身攜帶的物品

手提行李限重7公斤,手提行李大小:56x36x23公分(22x14x9英吋)。

入關必備證件	護照、簽證(英國免簽證)、去回程電子機票、行程規畫表
租車必備證件	台灣駕照、國際駕照、信用卡
護照遺失時保身	護照影印一份、大頭照兩張
國外緊急	海外旅遊(卡)保險單
電子產品易損壞,勿託運	手機、相機、備用(鋰)電池(不可以託運,隨身攜帶)、備用記憶卡、行動電源、筆電
千萬別弄丟的東西	英鎊現金、外幣提款卡、此本旅遊書

託運行李箱內裝些什麼好?

經濟艙每人不限件數可以託運20公斤(越南航空30公斤),建議帶去的行李只裝半箱,預留半箱裝購物的東西回來。

衛生用品	毛巾、牙膏、牙刷、洗髮精、沐浴乳
個人用品	毛帽、圍巾、手套(天氣冷備用)、長大衣(可保暖至膝部)、換洗衣物(短袖衣服不需要帶,即使是夏天也很少穿到)
充電用品	變壓器、轉接插頭
建議攜帶	吹風機、太陽眼鏡(開車用)、相機腳架、折疊雨傘(務必託運)、小洋裝&男襯衫(上餐廳可穿正式一點)

攜帶的物品限制

1. 液體、膠類及噴霧罐每個容器不得超過100ml
2. 以上容器需裝在容量1公升之透明塑膠夾鏈袋內
3. 每個旅客僅可攜帶一個夾鏈袋,於通過安檢時應單獨通過X光機檢查
4. 刀類、尖銳物品、腳架勿上飛機

救命紙條 可填寫後影印數張放在行李或皮夾、背包內⋯⋯

Personal Emergency Contact
Name：   Passport No：
Mobile：   Tel：
Add：

Emergency Contact
Name：
Tel：
Home Add：

行程規劃小紙條

月 / 日 (星期)	城市		英里 / min (預估時間& 距離)
	市區停車場 (Post Code)		
	城市景點 (Post Code)		
月 / 日 (星期)	城市		英里 / min (預估時間& 距離)
	市區停車場 (Post Code)		
	城市景點 (Post Code)		
	住宿地址 (Post Code)		
	訂房號碼 (Confirmation Number)		
	訂房名字 (Reservation Name)		
月 / 日 (星期)	途中景點		

個人緊急連絡卡
Personal Emergency Contact Information

姓名Name：

年齡Age：　　　　　　　　　　　　血型Blood Type：

護照號碼Passport No：

信用卡號碼：

信用卡海外掛失電話：

旅行支票號碼：

旅支海外掛失電話：

航空公司海外電話：

緊急連絡人Emergency Contact (1)：

聯絡電話Tel：

緊急連絡人Emergency Contact (2)：

聯絡電話Tel：

台灣地址Home Add：(英文地址，填寫退稅單時需要)

投宿旅館：

旅館電話：

其他備註：

英國緊急救命電話

警局、消防局、救護車：999

駐英國台北代表處 Taipei Representative Office in the UK

地址：50 Grosvenor Gardens, London SW1W 0EB

(鄰近火車與地鐵藍色線Victoria站)

總機：020-7881-2650

急難救助電話：07768- 938-765 (非急難重大事件，請勿撥打)

外交部急難救助全球免費專線：00-800-0885-0885

太雅出版社

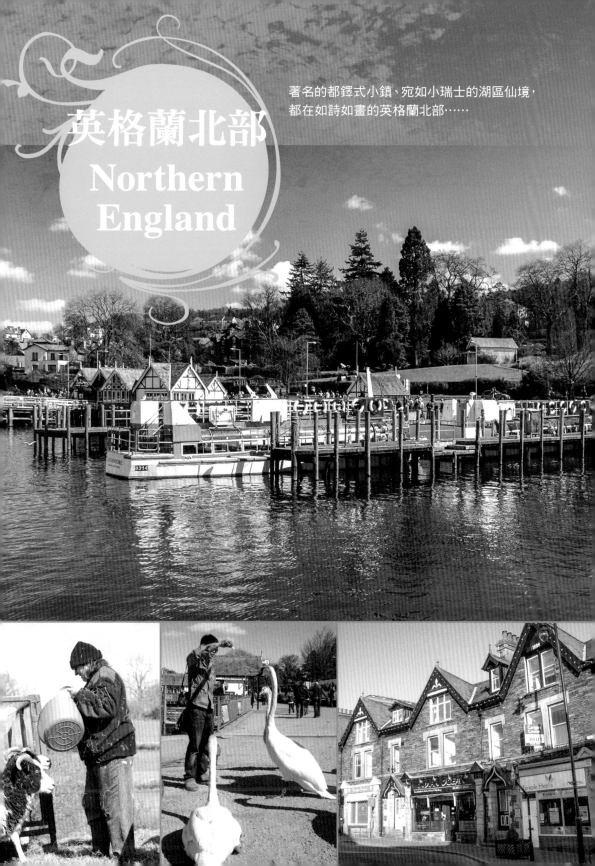

英格蘭北部
Northern England

著名的都鐸式小鎮、宛如小瑞士的湖區仙境，
都在如詩如畫的英格蘭北部⋯⋯

白牆面黑梁木的迷人都鐸斜頂屋

往曼徹斯特

從史特拉福往契斯特，車程約二個小時。Edison是為了看都鐸式建築，專程跑來這裡的，果然中古世紀的建築物太驚為天人囉！契斯特位於威爾斯跟英格蘭的交界，是全英格蘭之內最具有中世紀氣氛的城市，並被中世紀的城牆所環繞，主要街道以十字型劃分，城市內的房子是都鐸式建築，白牆外型、黑梁木造的屋舍，深深的讓我們著迷。

這裡的屋列區(The Rows)房子十分特別，房子的2樓是相互連接，形成長長的購物拱廊，就算下雨也不用擔心淋溼。屋列區的街道上有一座東門大鐘(Eastgate Clock)，可以爬上城牆近距離的欣賞這華麗的大鐘，並且可從城門上觀看整個契斯特市區景色。

另外，建立於十世紀的天主教**契斯特大教堂**，於十一世紀時被封為主教區，也是諾曼時期晚期的建築物。教堂外觀呈現暗紅色，主要建築材料為當地特有的紅色砂岩，外觀宏偉莊嚴，卻比不上其他教堂華麗。但內部的建築與裝潢令人嘆為觀止。教堂的面積隨著不同時期而增加擴大，1092年時，成為本篤會的修道院，至1541年時將修道院改成英國國教的教堂。

1 都鐸式建築
2 東門城的大鐘是契斯特的地標

小夫妻的
英倫筆記
note

在這城市停留了2小時(停車費2小時4.8英鎊,幸好我們有提早開車離開,因為真的有警務人員在抓逾時停車喔!今晚是住在Premier Inn,我們都覺得Premier Inn比Travelodge環境更大,更舒適。這邊再給大家一個建議,住宿的部分,就算是連鎖旅館位於市區,也會有停車上的困擾或是費用產生,所以建議住宿的部分,以開車方便抵達為主,且有免費的停車場為輔。

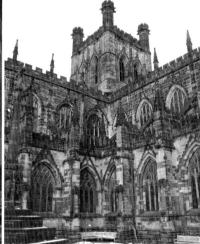

3 4

契斯特大教堂 Chester Cathedral

✉ 12 Abbey Square, Chester, Cheshire CH1 2HU
🕐 週一～六09:00～17:00,週日13:00～16:00
💲 免費

3.4 契斯特大教堂外觀與內部

因貝克漢聲名大噪的足球迷朝聖地

曼徹斯特 Manchester

約克　　杜倫　　紐卡斯爾

記得前兩天是大風雪，今天早上卻晴空萬里，只是風很大很冷，英國的天氣特別的怪。抵達了曼徹斯特時，我們開車在市區裡繞了將近半個小時，原因不是迷路了，而是找不到便宜的停車場。愈靠近市區，路邊停車費愈貴(2小時5.6英鎊)、立體停車場(2小時7英鎊)，最後終於讓我們找到便宜的停車場。位在曼徹斯特的皮卡地里車站(Piccadilly Station)附近，停一整天只要4英鎊。

從契斯特到曼徹斯特路程約1個小時，一路開在高速公路上，因為高速公路上很多大貨車，大貨車會開在慢車道(最左車道)，一般我建議駕車自助的人開在最左車道比較安全，但對於高速公路上有較多大貨車時，我們無法預測你前方的大貨車會發生什麼事，所以還是得快點超越它們，並保持在最左車道。

昔日的古老棉都與工業大城

曼徹斯特是工業大城，以前是以紡織廠及棉花紡織廠為主，現今也是曼聯足球迷朝聖的地方。曼徹斯特聯隊(Manchester United)是英格蘭足球聯盟盟主，就算不是瘋狂的足球迷，也一定因為貝克漢而聽過曼聯。**老特拉福德球場**是足球迷必定造訪之地。

這足球場有博物館跟導覽之旅，可以充分的滿足足球迷，若還是不過癮，可以買張票看真正精彩的足球比賽。博物館位於市區外圍，幸好是開車旅行，可以很快的抵達目的地。喜歡曼聯的球迷，可以買足球相關商品，足球衣便宜昂貴不一，有一件18英鎊且好看的衣服(不到台幣1千塊)。

曼城的市區位於兩條運河之間，交通方式有提供貼心的免費巴士(2號公車)及路面電車，不過市中心只要以徒步暢遊，差不多花三個小時就可以參觀完這一個城市。

曼徹斯特市政廳位於艾伯特廣場上，外觀是維多利亞建築，相當具有歷史與傳統色彩。

Printworks International Food Market商場主要販賣美食及飲料，也有提供晚上的娛樂，如：PUB、電影院、咖啡廳等……

曼徹斯特大教堂正式的名稱是曼徹斯特學院教堂和聖瑪麗、聖丹尼斯、聖喬治大教堂(The Cathedral and Collegiate Church of St Mary, St Denys and St George in Manchester)，建立於十五世紀的哥德式教堂，也是英國最寬的教堂。在第二次世界大戰中被德軍損毀，曼城政府花了約20年才重建完工。

穀物交易市場以前是個交易場所，現在是大型的血拼廣場。

ALBANY CROWN TOWER曾是曼徹斯特最高的建築物，外觀造型奇特，裡面部分樓層作為旅館。

足球博物館內收藏眾多足球藝術品、珍貴歷年照片、紀念品，是世界最大的足球博物館之一，裡面的珍藏品大約有14萬件，免費捐款參觀。

晚上是住在郊區的Premier Inn，幸好郊區有提供免費停車，市區的停車費真不敢領教。

1

老特拉福德球場
Old Trafford
- ✉ Sir Matt Busby Way, Old Trafford, M16 0RA
- 🕐 博物館週一～日09:30～17:00，導覽週一～日09:40～16:00
- 💲 博物館全票£11，博物館&導覽之旅£16

曼徹斯特市政廳
Manchester Town Hall
- ✉ Town Hall, Albert Square, Manchester, M60 2LA

Printworks International Food Market
- ✉ 27 Withy Grove, Manchester, M4 2BS
- 🕐 週一～四06:00～03:00，週五06:00～04:00，週六07:00～04:00，週日07:00～02:00

曼徹斯特大教堂
Manchester Cathedral
- ✉ Victoria Street, Manchester, M3 1SX
- 🕐 週一～五08:30～18:30，週六08:30～17:00，週日08:30～19:00

穀物交易市場
Corn Exchange
- ✉ Exchange Square, Manchester, M4 3TR
- 🕐 週一～三、週五10:00～18:00，週四10:00～20:00，週六09:00～18:00，週日11:00～17:00

ALBANY CROWN TOWER
- ✉ Aytoun Street, M1 3BL

足球博物館
National Football Museum
- ✉ Cathedral Gardens, Manchester, M4 3BG
- 🕐 週一～六10:00～17:00，週日11:00～17:00

2 3

1 英國選手在奧運期間奪金，家鄉郵筒的顏色也會變得「金光閃閃」，這是Edison在英國唯一找到的金色郵筒喑
2 足球博物館
3 Edison分明就是要計畫來買足球衣啊，太好詐了

饒富情懷的最老古鎮

約克 York　　杜倫　　紐卡斯爾　　安尼克

　　今天早上天氣陰。因為約克有朋友會接持我們，所以一早就往約克出發，車程約二個小時。才出發沒多久，大雪就開始下起來了且很急速。想不到開在高速公路上面，居然會塞車，因為雪下得太快，積太高了，需等剷雪車剷出一條道路出來，一路上走走停停。結果到了約克已快中午，趕緊跟朋友會合。由朋友當導遊帶領我們深度旅遊約克。約克的歷史就像是英格蘭的歷史，且約克以前是英國的首都，所以這座城市充滿說不完的故事。

國家鐵道博物館
(National Railway Museum)

Leeman Rd

Frederic St

Marygate

博物館花園
(Museum Garden)

聖瑪麗修道院
(St. Mary's Abbey)

Wellington Row

羅馬城門
(Bootham Bar)

Blake St

Lendal

約克大教堂
(York Minster)

羅馬城門
(Bootham Bar)

往噴泉修道院
A1036 Jewbury

西班牙料理餐廳
(Ambiente Tapas Restaurant)

Stonegate

Grape Ln

Deangate

Goodramgate

貝蒂下午茶
(Bettys Café Tea Rooms)

New St

Jubbergate

Collergate

St. Saviourgate

肉鋪街
(Shambles Street)

The Stonebow

A1036 Station Rd

約克火車站
(York Railway Station)

Tanner Row

North St

Spurriergate

High Ousegate

Coppergate

Fossgate

B1227 Bridge St

King St

Cumberland St

約克地牢
(York Dungeon)

Clifford St

Tower St

Piccadilly

Walmgate

羅馬城
(Walmgate B

A1036 Queen St

Toft Green

Barker Ln

Micklegate

Priory St

Trinity Ln

Fetter Ln

Skeldergate

Buckingham St

羅馬城門
(Micklegate Bar)

克利福德塔
(Clifford's Tower)

George St

彎進斜角巷，感受魔法小鎮的魅力

我們首先抵達的地方是**約克大教堂**，是英國最大的哥德式教堂，內部有全世界最大的中古世紀彩繪玻璃窗，很值得前往參觀。

來約克，必逛的是肉鋪街(Shambles Street)。這條街上的每一個房子都是2樓比1樓突出，而3樓又比2樓突出，從樓下到樓上與對面的房子越來越靠近，整體看起來歪歪斜斜的，好可愛。這些房子以前是販賣豬肉的，他們把豬肉垂吊於屋簷下。電影《哈利波特》裡的斜角巷就是在肉鋪街拍攝。

約克還有一個流傳很多靈異故事的**克利福德塔**，是以前燒死猶太人的地方。從塔上可以觀看約克市區。聖瑪麗修道院遺址就位在博物館花園(Museum Garden)內。從博物館花園往烏斯河(River Ouse)望去，會看到約克之眼——摩天輪。

在約克跟倫敦一樣，想吃好吃又便宜的東西時，酒館是一個很棒的選擇。朋友帶我們前往烏斯河的**Plonkers Wine Bar**，這一家酒館生意很好，平日前往還客滿。點了好喝的草莓啤酒跟主餐，一個人平均10英鎊、且分量很大。

晚餐我們前往約克最好吃的**西班牙料理餐廳Ambiente Tapas Restaurant**，點餐方式是一個人點3~4盤西班牙小菜。我們是四個人前往餐廳，所以一共點了十幾樣的小菜分食，再點一個兩人份的西班牙海鮮燉飯共用，及英國啤酒和一瓶紅酒。12英鎊的紅酒便宜且超香！超順口好喝！因為小菜點太多且西班牙燉飯分量太多，最後只好打包，當成隔天的中餐。喜歡在異國嘗試異國料理者，造訪約克時可前來嘗鮮。

1 烏斯河

2 肉鋪街
3 約克大教堂

第二天，吃到好吃的
異國料理

今天我們的計畫是漫步羅馬城牆，這是羅馬時代以約克大教堂為中心築起的城牆，據當地約克人說，當時城牆內住的是貴族，比較有錢；城牆外住的是貧民，城牆是為了抵擋貧民進來偷東西而蓋的。如今為觀光性質，走在城牆上可以欣賞約克城牆內外的景色。

城牆有六個較大的城門(Boothem Bar、Monk Bar、Micklegate Bar、Victoria Bar、Walmgate Bar、Fishgate Bar)，這也是欣賞的重點，全程走完約1個多小時。

接著我們又前往**國家鐵道博物館**。博物館位於火車站後方，免費入館，裡面展示著英國早期的火車，參館時間約一個小時。

中午時間，我們選擇前往約克最知名的餐廳Betty's吃下午茶，它在約克有兩家店，且都是大排長龍的人潮，我們平日前往居然也要排隊，大約排了十多分鐘。下午茶一人份18.25英磅，由最下層的鹹食三明治開始吃，接著吃司康沾果醬及英國特製濃縮奶油，最上一層是甜食，而且還有超好吃的馬卡龍唷！茶的方面，是用大家最能接受的House Tea，配上一壺熱開水、方糖、檸檬、牛奶，讓你調出自己喜愛的茶味。

晚上朋友推薦我們的**印度料理餐廳The Viceroy Of India**，號稱最道地且約克最好吃的印度咖哩！由於是平日晚上去，所以沒想到要訂位，但抵達後卻感覺到餐廳有些忙碌，似乎不打算接待沒有訂位的客人，幸好朋友是這家餐廳的常客才得以順利享用到晚餐。我們用餐到一半時，發現整家店全坐滿了，天啊～今天又不是假日怎麼會客滿呢！

用完餐後，超飽超滿足的——這家店的東西太好吃了！濃濃的椰香咖哩跟我以前吃過的印度料理不同。

這兩天的約克深度旅行都是飄著綿綿細雪，很棒很充實。而旅遊約克大致上只要安排個兩天的行程就足夠了。

約克大教堂
York Minster

✉ York, YO1 7HH

🕐 週一～六09:00～17:00，週日12:00～17:00

$ 教堂全票£9，兒童免費。塔樓全票£5，兒童票(8 ~16歲)£3.5

克利福德塔
Clifford's Tower

✉ York, YO1 7HH

🕐 3/29～9/30日10:00～18:00。10/1～11/3日10:00～17:00。11/4～3/31日10:00～16:00

$ 全票£4.2，兒童票(5～15歲)£2.5

小酒館
Plonkers Wine Bar

✉ 5 Cumberland Street, York, YO1 9SW

西班牙料理餐廳 Ambiente Tapas Restaurant

✉ 14 Gooddramgate, York, YO1 7LQ

國家鐵道博物館 National Railway Museum

✉ Leeman Rd, York, YO26 4XJ

🕐 10:00～18:00

$ 免費

印度料理
The Viceroy Of India

✉ 26 Monkgate, York, North Yorkshire, YO31 7PF

一口英國啤酒，一口印度料理，完美的結合，Edison又賈醉囉

莊嚴宏偉的諾曼式教堂建築

杜倫 Durham　　紐卡斯爾　　安尼克　　溫德米爾

欣賞火車高架橋
A690　Leazes Rd
Castle Chare
Tenter Terrace
Mitchell St
North Rd
New St
Neville St
E Atherton St
Framwelgate Waterside
Allergate
Crossgate
路邊停車場
(我們停在這裡喔)
South St
聖瑪格麗特教堂
(St Margaret's Church)
杜倫城堡
(Durham castle)
Dun Cow Ln
杜倫大教堂
(Durham cathedral)
Back Silver St
杜倫市集
(Durham Market)
Saddler St
欣賞Elvet
Bridge美景
Elvet Bridge
Owengate
N Bailey
Bow Ln
Kingsgate Bridge
New Elvet
往北方天使

噴泉修道院
Fountains Abbey

✉ Fountains, Ripon, HG4 3DY
🕐 10:00～18:00
$ 全票£9.5，兒童票£5

杜倫城堡 Durham castle

✉ Durham University, Palace
Green, Durham, DH1 3RW
http www.dur.ac.uk/university.
college

杜倫大教堂
Durham cathedral

✉ Palace green, Town Centre,
Durham, DH1 3EP
🕐 週一～六09:30～18:00，週日
07:30～17:30。開放時間會因活
動而更動，請上網查詢
$ 捐款參觀
http www.durhamcathedral.co.uk

前兩天下大雪，今天一早起床，天氣晴朗，有藍藍的天。所以趕緊出發前往**噴泉修道院**，路程從約克出發約一個小時車程。抵達時天氣忽晴忽陰，戰爭之後的修道院，有種淡淡的憂傷。

修道院建於1132年，是遊北約克郡不容錯過的世界遺產。也是全英國最大的修道院遺址，殘敗、無屋頂的外觀，敘述著那段慘痛歷史。此景占地廣大，參觀時間約需一個半小時。

接著往北前往杜倫(Durham)，大約1個小時可抵達這個小城市，主要景點為杜倫城堡、杜倫大教堂，這兩個景點就可以讓你沉醉其中。約花兩個小時，好好的漫步其中。

杜倫城堡完成於十一世紀，城堡外觀是八角型建築，現在有一部分為杜倫大學，並且是英格蘭第三古老大學，僅次於牛津大學與劍橋大學。

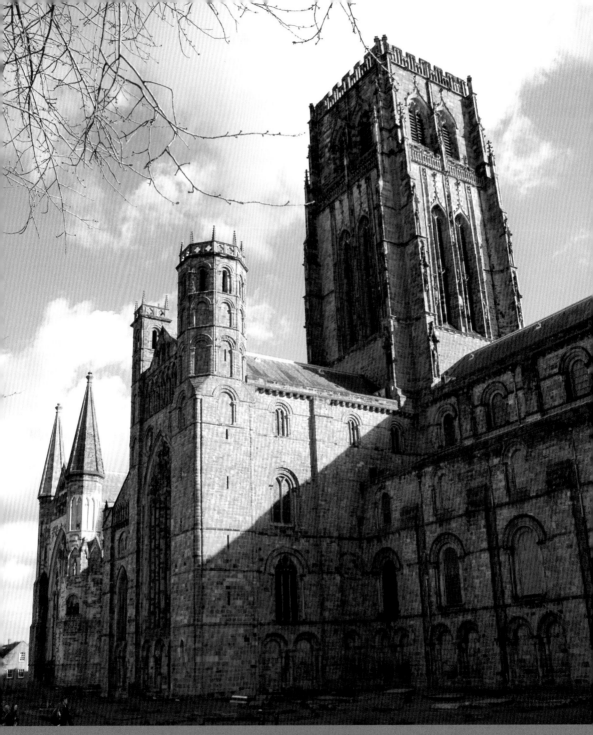

　　杜倫大教堂是英國最大最宏偉的諾曼式建築,也是電影《哈利波特》的取景地。而杜倫大教堂跟杜倫城堡也被列為世界文化遺產。入內參觀是免費的,可花**3**英鎊至塔樓屋頂觀看整個杜倫美景。

　　此行我們正巧遇到復活節,全英國國民從**Good Friday Day**至復活節,約有**3**天假期,所以我們趕緊去超市準備一些乾糧,以備不時之需。

泰恩河畔的橋梁之城

紐卡斯爾 Newcastle-Upon-Tyne　安尼克

北方天使

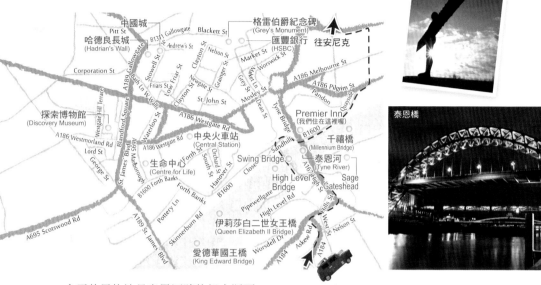

泰恩橋

今天的目的地是泰恩河畔的紐卡斯爾(Newcastle-Upon-Tyn)，英格蘭北部的最大城市，擁有六大美麗橋梁。前往途中會經過**北方天使**(Angel of the North)，它豎立在蓋茨黑德(Gateshead)的郊區，1994年由倫敦的雕刻大師安東尼·葛姆雷(Antony Gormley)，花了4年才完成這座寬54m、高29m的巨大雕像。位於道路旁邊，免收費，且有提供免費停車場。為了欣賞這北方天使，Edison在高速公路總共開過頭兩次才安全抵達，值得！

來到紐卡斯爾後，我們來到了知名的**千禧橋**，這是只供行人通行的橋梁，當有大船要經過時，橋面會向上升起45度，讓船通行，所以又稱為傾斜橋。想觀看橋升起來的樣子，可至官網查詢橋梁升起的時間表。泰恩河岸旁，還有一個外型很像花生的建築物**Sage Gateshead**，其實是一個**藝術音樂廳**。Sasa公主說晚上的花生粒看起來挺美的，所以Edison又拍了三個小時夜景，呼！

紐卡斯爾還有格雷伯爵紀念碑與哈德良長城。前者位於紐卡斯爾的中心位置，四周都是餐廳、購物中心。後者為羅馬帝國君主哈德良建造，功能是為了防抵北部皮克特人反攻。總長為73英哩，由石頭和泥土構成，是英國境內從東紐卡斯爾到西索爾威灣都看得到的遺跡。

北方天使
Angel of the North
✉ Prince Consort Road, Gateshead, NE8 4LN

千禧橋 Millennium Bridge
✉ Durham University, Palace Green, Durham, DH1 3RW
http www.gateshead.gov.uk
點選步驟：Home→
Leisure & Culture→
Discover Gateshead→
Gateshead Millennium Bridge

藝術音樂廳
Sage Gateshead
✉ St. Mary' s Square, Gateshead Quays, NE8 2JR

歡迎來到霍格華茲魔法城堡

安尼克 Alnwick　　溫德米爾　　波尼斯　　哈弗思特

- 安尼克城堡 (Alnwick Castle)
- 便宜平面停車場 (我們停在這裡喔)
- 往愛丁堡
- Narrowgate
- Dispensary St
- B6346 Bondgate Within
- Greenwell Rd
- Lagny St
- Market St
- B6346 Bondgate Within
- Clayport St
- St. Michael's Ln
- Roxbro Pl
- Hotspur St
- B6346 Bondgate Without
- Chapel Ln
- Green Batt
- 安尼克圖書館 (Alnwick Library)
- Grey Pl
- Dovecote Ln
- King St
- Howick St
- Percy St
- 聖保羅教堂 (St. Pauls Church)
- Prudhoe St
- Lisburn St
- Stott St
- Wagon Way Rd
- 二手書店 (Barter Books)

前往愛丁堡(Edinburgh)途中會經過一個小城鎮安尼克，路程約一個小時，安尼克是英格蘭跟蘇格蘭之間的城鎮。這一個城鎮主要景點是安尼克城堡(Alnwick Castle)、安尼克花園(Alnwick garden)，也是電影《哈利波特》的霍格華茲城堡、《羅賓漢》……等拍攝地點，城堡外有付費保車場(1小時1英鎊)。

安尼克城堡是英格蘭第二大城堡，且仍然有公爵居住，因《哈利波特》拍攝景點而爆紅，共有7次借用的紀錄。安尼克花園位於城堡旁，內有玫瑰花園、樹屋、繩索吊橋。

這城市的另一個景點是二手書店Barter Books，是個相當特別的書店，由安尼克舊車站改建而成的，書店的呈現相當特殊，有另一番風味。

1,5 街景
2 安尼克城堡
3 城門
4,6,7 二手書店Barter Books

安尼克城堡
Alnwick Castle

安尼克花園
Alnwick garden

✉ Alnwick, NE66 1NQ

🕐 3月底的復活節至10/30日10:00～
18:00。11月至復活節10:00～
16:00，只有安尼克花園開放

💲 城堡全票£14.5，兒童票(5～16歲)
£7.3。花園全票£12，兒童票(5～
16)£4。二合一全票£24，兒童票
(5～16歲)£10

🔗 www.alnwickcastle.com(參觀前
請上網確認時間)

二手書店 Barter Books

✉ Alnwick station, Northumberland,
NE66 2NP

🕐 夏季09:00～19:00，冬季09:00～
17:00，聖誕節公休

童話仙境般的英國大湖區 Part 1

溫德米爾 Windermere
波尼斯 Bowness
哈弗思特 Haverthwaite

凱希克　　　格拉斯米爾

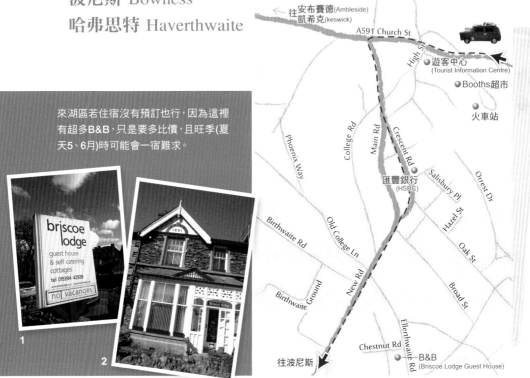

來湖區若住宿沒有預訂也行，因為這裡有超多B&B，只是要多比價，且旺季(夏天5、6月)時可能會一宿難求。

1

2

湖區是一個很美麗的地方。從格雷特納·格林往南開約一個半小時即可抵達，路途中有經過一個羊駝中心(Alpaca Center)，裡頭只有10隻羊駝，是要入園收費的。沿途我們一直停下來拍照，因為天氣很好且山上的雪未完全融化，所以湖中每一個角度都是超美畫面，路上總是有迷路的羊在路旁出現，開車要格外小心別撞到牠們。看到眼前的美景就想停車拍照、享受當下的景致時，也要小心前後方的來車。

抵達了溫德米爾的B&B(Breakfast & Bed)約下午5點。這家B&B離市區近且附近停車免費(只要別停黃線上都沒有問題)。因為我們要住3天的緣故，B&B的主人給我們10%的折扣，也就是一晚一間房54英鎊，主人還會準備早餐，可以選擇想吃的早餐類型，前一天晚上7點前把單子填好掛在門口即可。

我們沒想到這裡晚上9點天色才變暗，這樣就有更多白晝時間可以享受湖區風光囉！所以稍作休息後就往市區觀光，竟意外發現湖區每間房子幾乎都是用黑色石板所建造的石板屋(Slate House)，連這次住的B&B也是傳統的石板屋喔！

1,2 B&B：Briscoe Lodge Guest House
3 進到湖區車子停停走走，Edison就是捨不下眼前的美景
4 溫德米爾湖
5 石板屋

在石板屋民宿裡享受超棒早餐

一覺睡到自然醒，早上9點一坐到餐桌前就有點興奮，總覺的早餐會很豐盛。冰飲料有多種選擇。熱咖啡是用咖啡濾壓壺(Coffee Press)沖的，外加冰牛奶，熱茶有英國知名的唐寧茶(Twinings)可選擇。

餐前我們選擇來一碗燕麥粥(Porridge)，這麥片粥可以加蜂蜜變甜粥。重點是早餐的部分，我們選一份蘇格蘭早餐，就是多了一樣黑布丁(Black Pudding)，吃起來有點像炸米血但是香料味十足，非常好吃。而香腸的部分是採用坎伯蘭香腸(Cumberland Sausage)，跟在倫敦吃的味道不一樣，但我們也喜歡這一個味道。想不到一頓早餐這麼悠閒的吃了一個小時。

在鉛筆發源地的凱希克棒打鴛鴦

凱希克 Keswick　　　格拉斯米爾　　安布塞德

今天早上7點半就醒囉，準備一個小時來吃美味的早餐，由於B&B提供4種早餐，打算每天吃一種不一樣的，嘗試新鮮的異國早餐。

吃完早餐大約9點，準備出發前往湖區北部的中心城鎮凱希克(Keswick)，城鎮是位維多利亞時期的古老市鎮，也是湖區北方最大的城鎮，車程約40分鐘。抵達時天氣有點陰陰的，停車果然是一個重點，這邊停車都要付費，1小時1.3英鎊。但我們停在Otley Road路旁，這是一個沒有畫線的區塊，所以可以免費停車。城鎮熱鬧地帶圍繞在遊客中心周圍，街上充滿了露天餐廳、特色商店如：起司專賣店、果醬專賣店、奇特造型的巧克力商店等……在這小城鎮漫步了兩小時。

凱希克附近有一個**鉛筆博物館**，因為凱希克的牧羊人在峽谷發現石墨原料，製造了鉛筆，所以此地是鉛筆的發源地，世界上最長的鉛筆也在這唷！附近還有一些博物館可以參觀，如：龐德博物館、明星車博物館等。

接下來前往的地方是凱希克旁的**德文特湖**，停車場是付費的(1小時1.3英鎊)，我們只停留一個小時，打算在湖邊散步不打算走遠，在美麗的湖邊拍拍照就好。突然我們看到遠方的岸邊很熱鬧，有六隻公的鴛鴦在水中搶一個東西，原本以為是死掉的小鳥，後來有遊客前往制止，才發現是一隻母的鴛鴦，牠一直被啄。我們一直以為牠們餓到要殺死同伴。問了一位遊客，他也很堅信的說：「是啊，牠們真是太過份了！」接著我們用石頭丟公的，試著去保護母的。後來居然全飛走了。沒想到回程又看到一樣的場景，一堆遊客邊笑邊拍照，我們忍不住問其他的遊客說：「他們餓到要互相殘殺嗎？」遊客全笑了：「他們正在交配啦！通常交配會有四隻公的搶一隻母的。」哇～原來我們剛才壞了人家的好事，哈哈哈。

鉛筆博物館
Pencil Museum

✉ Southey Works, Main Street, Keswick, Cumbria, CA12 5NG
🕐 09:30～17:00
💲 全票£4.25，兒童票(16歲以下)£3.25

德文特湖
Derwent Water

✉ Lakeside, Lake Rd, Keswick, CA12 5DJ

1 誤會大了，鴛鴦在交配，不是互吃
2 德文特湖(Derwent)
3 凱希克街景

在卡塞里格石圈偷窺黑臉羊

看完了美麗的湖泊，前往附近的**卡塞里格石圈**。由48個大小不一的圓形石頭排列而成的石圈，規模比巨石陣要小，但還是值得一看，到底是誰會在一片草原上，搬來比人還高的大石頭呢？真的是傳說中的外星人做的嗎？石圈旁有蘇格蘭黑臉羊群低頭吃草，可以摸摸三四千年前的石頭，又可偷偷的靠近蘇格蘭黑臉羊，感覺很棒。

卡塞里格石圈
Castierigg Stone Circle

✉ Goosewell Farm, Keswick, CA12 4RN
🕐 全年
💲 免費
➡ 從凱希克沿著A5271(Penrity Rd)順路左轉接A591後，右轉Eleven trees直行即抵達

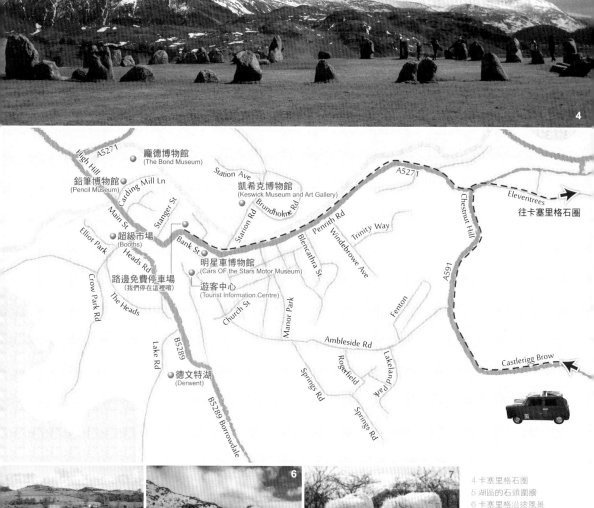

4 卡塞里格石圈
5 湖區的石頭圍籬
6 卡塞里格沿途風景
7 石圈旁的黑臉羊

童話仙境般的英國大湖區 Part 2

格拉斯米爾 Grasmere
安布塞德 Ambleside

路邊免費停車場
(我們停在這裡喔)

College St

Broadgate

Church Stile

Red Bank

薑餅屋
(Sarah Nelson's Grasmere Gingerbread)

Stock Ln

A591

Lake View Dr

華茲華斯博物館
(Wordsworth Museum)

鴿屋
(Dove Cottage)

往安布塞德

　　從卡塞里格離開後，回程前往格拉斯米爾，這是浪漫詩人華茲華斯(Wordsworth)最愛的城鎮，也是他的長眠之地。格拉斯米爾沒有溫德米爾、凱希克熱鬧的氣氛，反而有一種靜謐雅致，讓人沉溺在詩人的故鄉。

薑餅屋

浪漫文人最愛的格拉斯米爾

詩人華茲華斯於1799～1808年期間居住於**鴿屋**，創作的高峰期在鴿屋完成很多知名作品，現今鴿屋展示著華茲華斯當時的護照、行李箱等……鴿屋旁的**華茲華斯博物館**，收藏超過5萬件，包括手稿、及華茲華斯好友的作品。博物館有免費導覽，鴿屋也有專人導覽，可前往沉浸於詩人的浪漫世界裡。

詩人華茲華斯的墓地旁有家**薑餅屋**，薑餅是1854年瑟拉·尼爾遜女士發明的，這家迷你小店及薑餅的配方和幾百年前一模一樣，並且採每日限量，不因大量的遊客而改變方式，店內的人員穿著傳統舊式服裝服務客人。這家店從以前至現在，排隊人潮不減，也是格拉斯米爾的觀光勝地之一。薑餅嘗起來很香醇、鬆軟，入口即化，先嘗到黑糖的甜味，後勁會有濃厚薑的香辣味。

鴿屋 Dove Cottage
華茲華斯博物館
Wordsworth Museum

✉ Dove Cottage, LA22 9SH
🕐 3/1～10/31日09:30～17:30、11/1～2/28日09:30～16:30
💲 全票£7.5，兒童票£4.5
🌐 www.wordsworth.org.uk

薑餅屋
Sarah Nelson's
Grasmere Gingerbread

✉ Church Cottage, LA22 9SW
🕐 每日09:15販售，週日12:30販售
🌐 www.grasmeregingerbread.co.uk

1,2 格拉斯米爾湖流出的小溪、街景
3 薑餅屋
4,5 超香的薑餅，非買來嘗嘗不可

登山城鎮安布塞德與秀麗的鷹岬

從格拉斯米爾前往溫德米爾湖(Lake Windermere)最北岸的城市安布塞德,抵達時約下午5點半。此時路上塞滿了車,很巧的在Compston St.有看到一個位子,不管付不付費就是先停再說,而我們詢問了遊客,才知道在Cumbria有一個東西叫做Disc,去附近的店家或餐廳都可以拿到Disc,只要看到停車格旁有立一個牌子,上面寫了Disc Zone,就可以免費停車一個小時,並且把Disc上的時間轉到你停車時的時間,放在車窗前,這樣子就可以停車了。

安布塞德除了城鎮觀光外,還可以看**橋屋**。這是蓋在橋上的房子,以前有人為了要避稅便把房子蓋在橋上。

今天最後的行程是前往鷹岬(Hawkshead),主要景點是**畢翠斯‧波特美術館**,美術館曾是彼得兔作者波特的丈夫的律師事務所,現今展示波特的遺物、照片等……

1 哇!橋屋真的是在橋上
2 安布塞德街景

橋屋 Bridge House

✉ Rydal Road, LA22 9AN

畢翠斯‧波特美術館
Beartix Potter Gallery

✉ Main Street, LA22 0NS
🕐 週六～四10:30～17:00
$ 全票£4.8,兒童票£2.4

看見爆美的安布塞德碼頭

　　今天原本打算離開湖區前往利物浦大城市，但湖區的天氣實在太好了，一整個大藍天，比起我們前兩天一下子晴天一下子陰天來說，今天真的是拍照的好日子。昨天Edison偷偷的抱怨，怎麼湖區的天空這麼的不美麗啊，一點藍天也沒有。Sasa冷冷的回答，假如都是好天氣的話，現在會看到湖區的另一種美？旅行怎麼可能都是大晴天大藍天啊，這是英國啊，天氣變化很大，體驗生活享受生活才是旅行！假如人家看到書中的照片都是大晴天，結果遊玩英國時遇到雨天，應該很有失落感吧～我們要給有幸讀到這一本書的讀者，有雙重體驗。沒錯！但今天真的太美了，讓我們捨不得離開湖區，超想住下來的！

　　用完了早餐，跑去**安布塞德旁的碼頭**的溫德米爾湖(Lake Windermere)，享受一下陽光、欣賞大晴天的溫德米爾湖。今天是星期六又是大晴天，湖區一整個大塞車，停車位也一位難求，最後停在收費停車場(1小時1.8英鎊)離湖區碼頭很近。記得收費停車場一般都是投錢，取票，但這一個收費停車場有一點不一樣，首先要輸入你的車牌號碼，再投錢、取票。碼頭旁邊有一個步道，走過一個大草地，即可前往湖邊。那裡的美景不是三言兩語可以形容的。

1,2 安布塞德碼頭，租船遊湖
3,4 安布塞德碼頭欣賞溫德米爾湖的湖光山色

安布塞德碼頭
Ambleside Waterhead

✉ Borrand Road, LA22 0ER

在波尼斯碼頭讓天鵝圍繞你

原本打算再前往格拉斯米爾，但湖區塞車，所以往南走，回到波尼斯碼頭(Bowness Pier)，這裡人潮很多，幸運的找到免費停車場。其實只要快抵達城鎮時，路旁有些道路地上沒有畫任何黃線的話，基本上都是免費的。

在碼頭旁，遇到一個人手裡拿兩三條吐司在岸邊餵食天鵝，他被一群的天鵝圍繞，超有趣的，他也邀請我們加入餵食行列。英國的吐司在超市買很便宜(一條不到1英鎊)，建議大家前往湖區時，買一條吐司，隨時可以加入有趣的餵食行列。湖區的美景使我們停留到下午兩點。湖區離晚上住宿的地方還有一個半小時的車程。所以要跟美麗的湖區說拜拜囉！

途中兩邊路旁一直有羊群，但我卻發現這種羊跟之前介紹的蘇格蘭黑臉羊(Scottish Blackface Sheep)不一樣，幸好有遇到農場主人，跟她開聊一下才發現是四角羊(Jacob Sheep)，牠的身上有黑白斑點(有點像乳牛)，頭上的角約有二到六個(一般為四個角)而我們看到的是三個角。

1 波尼斯街景
2 四角羊
3 湖區天氣好，遊客就超多的，好熱鬧啊
4 四角小羊
5 興致勃勃的想加入被餵食的行列

5

披頭四的搖滾靈魂誕生地

從湖區離開後，我們一路上停停走走，陽光四射，周遭的景致是這麼的美麗。大約下午5點抵達Blackburn的Premier。是不是覺得怎麼住在連聽都沒聽過的小鎮，而不住在利物浦呢？因為太慢訂房間了，錯失便宜的房價且又逢星期六，房價很貴，所以只好先住在遠一點的小鎮，隔天再前往囉！給大家一個建議，住宿最好先訂房，否則到時很難找且很貴。還有英國不允許睡車上的唷，這是違法的！除非是露營車(Camper Ven)且車子也要停在露營區(Camper Parking)才行。

1.2 馬修街景
3 披頭四成員之一約翰‧藍儂
　(John Lennon)的雕像
4 利物浦世界博物館
5 利物浦三女神
6 沃克美術館
7 利物浦博物館
8 亞伯特碼頭倒影

處處是博物館和搖滾迷朝聖地

今天早上的行程是暢遊利物浦，這是風靡全世界的披頭四樂團(The Beatles)的誕生故鄉。從Blackburn到利物浦，車程約一個小時，抵達時早上快10點，由於是星期日的早上，感覺整個城鎮很安靜，大家都還在睡覺吧。車子是停在靠近**沃克美術館**的Lambert Street旁邊，這裡停車是一個小時1英鎊，超過3小時只要付3.5英鎊就可以停整天。市區停車30分鐘就要1英鎊。所以這一個停車場很划算。利物浦說大也滿大的，徒步觀光我們花了四個小時。

這城市有很多博物館跟美術館，我們先參觀了兩個博物館。**沃克美術館**以沃克爵士命名，是英國北部最大的國家級美術館，館內珍藏豐富，以維多利亞時代的繪畫為主，有北方國家美術館之稱。沃克美術館旁邊，是利物浦最早成立的**利物浦世界博物館**，館內的展覽包含人類考古、自然史、地質學及天文學等……頂樓的天文館也是免費參觀。

沿著Victoria Street可以前往亞伯特碼頭(Albert Dock)，途中經過的馬修街(Mathew Street)是披頭四的發源地，值得花一天來參觀，旁邊有聖喬治花園(St. John's Gardens)。這一條街很有街頭風，原本沒有什麼人潮，接近中午時，出現一堆遊客來此朝聖。

抵達亞伯特碼頭(Albert Dock)前，會看到三個非常壯觀的建築物位於默西河(River Mersey)旁，分別為皇家利物大廈(Royal liver Building)、丘納德大廈(Cunard Building)、利物浦港務大廈(Port Of Liverpool Building)，被稱為利物浦三女神(Three Grace)，也是世界遺產。碼頭邊的景色是最迷人的，不時可以看到美麗的倒影。

位於亞伯特碼頭(Albert Dock)的北部區塊，是外型前衛的利物浦博物館(Museum of Liverpool)。館外陳列著香蕉羊(Banana Sheep)，香蕉羊是2008年利物浦為歐洲文化之都的吉祥物，館內分為四個展館，以利物浦為主題，說明利物浦城市變遷、歷史、未來發展等……

另外一間**泰特利物浦美術館**，館內收藏跟倫敦泰特現代美術館(Tate Modern)類似，只是規模較小，卻是倫敦之外最大的現代藝術美術館——來倫敦看了這麼多的博物館，我們還是比較喜歡現代藝術。英國街頭、公車上經常看到一個漫畫女主角，也是從泰特美術館發跡的。

利物浦市區有家店叫**eat 4 less**，裡頭賣的熱食很棒很便宜，我們點了一個英國傳統食物Jacket Potato，非常好吃且好大喔！只要1.49英鎊，推薦前來品嚐，市區內有一座高塔Radio City Tower可以觀看整個利物浦建築的美，也可在亞伯特碼頭搭乘水陸兩用車遊利物浦(www.theyellowduckmarine.co.uk)。建議前來的遊客可提早訂到市區內的旅館，這樣子才能深度旅遊利物浦。

沃克美術館
Walker Art Callery

✉ William Brown Street, Liverpool, L3 8EL
🕐 每天10:00～17:00，12/25～26 及1/1公休
$ 免費參觀

利物浦世界博物館
World Museum Liverpool

✉ Pier Head, L3 1ER
🕐 每天10:00～17:00，12/25～26 及1/1公休
$ 免費參觀

泰特利物浦美術館
Tate Gallery

✉ Albert Dock, L3 4BB
🕐 每天10:00～17:30
$ 免費參觀

eat 4 less

✉ 3 Richmond Street, Liverpool, L1 1EE

1 泰特美術館最紅的人物
2 水陸兩用車
3 利物浦處處存在香蕉羊(Banana Sheep)
4 eat 4 less，俗又大碗又好吃
5 碼頭邊超有型的餐廳酒吧
6 Edison模仿能力0%，失敗

蘇格蘭
Scotland

風笛手、蘇格蘭裙、威士忌和高地風光……

英國北方的雅典城

愛丁堡 Edinburgh　　　達夫鎮、格蘭菲迪　　　因佛尼斯

　　離開利物浦後，我們往北開，車程約兩個小時即能抵達愛丁堡(Edinburgh)，途中會經過英格蘭跟蘇格蘭的交界，一路上天氣非常好，道路兩旁景色不時的出現羊群、海岸線、山城、遠處的雪景，很開心的是，我們是開車旅行，才能見到這些景色！抵達愛丁堡時約下午3點半，先到旅館Check in後趕緊到市區見見傳說中的愛丁堡。愛丁堡有好多博物館，前往時可上網站確認開放時間與票價。

http www.edinburghmuseums.org.uk

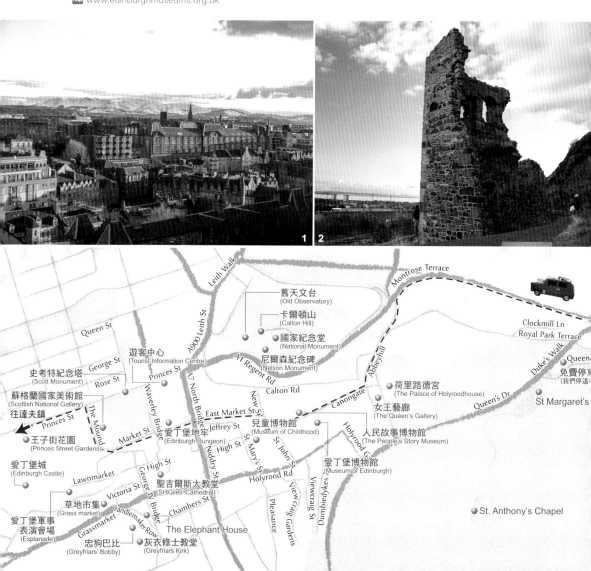

1 **2**

舊天文台
(Old Observatory)

卡爾頓山
(Calton Hill)

Clockmill Ln
Royal Park Terrace

Montrose Terrace

Leith Walk

A900 Leith St

Queen St

George St

Rose St

Princes St

遊客中心
(Tourist Information Centre)

國家紀念堂
(National Monument)

尼爾森紀念碑
(Nelson Monument)

A1 Regent Rd

Abbeyhill

Duke's Walk

Queen

免費停車
(我們停這

史考特紀念塔
(Scott Monument)

Waverley Bridge

A7 North Bridge

Princes St

The Mound

蘇格蘭國家美術館
(Scottish National Gallery)

往達夫鎮

王子街花園
(Princes Street Gardens)

Market St

East Market St

New St

Calton Rd

Jeffrey St

荷里路德宮
(The Palace of Holyroodhouse)

Canongate

女王藝廊
(The Queen's Gallery)

Queen's Dr

St Margaret's

愛丁堡城
(Edinburgh Castle)

Lawnmarket

High St

St. Mary's St

St. John St

Holyrood Rd

愛丁堡地牢
(Edinburgh Dungeon)

兒童博物館
(Museum of Childhood)

人民故事博物館
(The People's Story Museum)

Holyrood G

愛丁堡博物館
(Museum of Edinburgh)

草地市集
(Grass market)

Victoria St

George IV Bridge

聖吉爾斯大教堂
(St Giles' Cathedral)

Chambers St

Niddry St

Vieweraig Gardens

View Craig Gardens

Dumbiedykes

Pleasance

愛丁堡軍事
表演會場
(Esplanade)

Grassmarket

Candlemaker Row

The Elephant House

忠狗巴比
(Greyfriars' Bobby)

灰衣修士教堂
(Greyfriars Kirk)

St. Anthony's Chapel

找尋JK羅琳寫作的小店

　　往市區途中經過荷里路德公園(Holyrood Park)旁的小湖St Margaret's Loch，湖中有很多天鵝。約5分鐘後抵達市區。停車是一個難題，所以建議大家把車停在近Canongate路邊(2小時4.4英鎊)，再走往市區，順著High Street走即可到達所有景點，走在High Street上，陽光照射，使每一個建築物都呈現黃金色。

　　聖吉爾斯大教堂前有一座白金漢公爵塑像，塔頂端像一頂皇冠，是英國最高等級的教堂，教堂內部的彩色窗戶驚為天人，新哥德式的天花板及牆上的雕刻更是華麗至極，此教堂內部超美麗，一定要前往朝聖，不可錯過。在教堂的附近有很多街頭藝人，每一位表演者都很敬業，打扮得稀奇古怪吸引路人的眼光，看完表演，別忘了大方的給些銅板表示支持唷！

　　如果你是哈利波特迷，一定會去一個地方──**The Elephant House餐廳**。羅琳就是在裡創造出哈利波特故事。餐廳內部擺飾充滿了大象風格，牆上掛滿了大象的照片，就連椅子、餅乾的形狀也跟大象有關。有機會一定要到裡頭坐坐，看看是不是也會有源源不絕的創作靈感。

　　黃昏的時候，城外的**愛丁堡軍事表演會場**可欣賞美麗的夕陽、眺望四周的暮色。愛丁堡城附近還有蘇格蘭威士忌體驗館(The Scotch Whisky Experience)，有機會可以來一趟威士忌之旅。

1 眺望愛丁堡　　　　　　3 聖吉爾斯大教堂
2 St. Anthony's Chapel　　4 哈利波特迷們，怎麼能放過故事創作地──The Elephant House

最具文化氣息的都會首府

在愛丁堡住了一晚，隔天一早起床，居然下起小雪，昨天明明天氣超好，有溫暖的陽光。但我們的計畫不因天氣有所變動，還是出發囉！由於市區觀光要用徒步的，市區的停車場都要付費，停一整天的停車費會很貴很貴。所以我們把車停在St. Margaret's loch旁的停車場，這是愛丁堡唯一免費的停車場。綠油油的山環繞著鏡子般的湖，景色真的超美，絕對要沿著山中小徑往上爬，分別可前往不同的景點，我們選擇了St. Anthony's Chapel遺跡，一路景色迷人，此處可以觀看整個愛丁堡臨近的海景，超夢幻的。

從**荷里路德公園**(Holyrood Park)往市區走可以抵達荷里路德宮，是英國皇室位於蘇格蘭的宮殿，又稱為十字皇宮，以前是十字修道院。**女王藝廊**則位於荷里路德宮旁邊，館內展覽全是英國皇室的美術收藏品。

接著順著Canongate這條路走，會經過**人民故事博物館**。人民故事博物館主要是介紹愛丁堡先民的生活百態、及愛丁堡重要遺跡的展示。裡頭可以看到各行各業的演進，讓我們更了解愛丁堡這城市。

位於人民故事博物館對面就是**愛丁堡博物館**。主要展示史前時代到現在的蘇格蘭相關事物，並且有展示忠狗巴比的相關事蹟。這是愛丁堡流傳的感人故事，據說愛丁堡的警察約克·格雷(John Gray)養了一隻狗，名為巴比(Bobby)，和主人形影不離，不幸的主人在1858年去世，波比天天守在主人的墓前，長達十多年，死後被葬在主人墓旁。人們還設立了**忠狗巴比雕像**。

往市區的的方向走，會抵達**兒童博物館**。世界第一座以童年歷史及主題收藏的博物館，外觀看起來小小的，裡面展示的內容可是別有洞天，包含古老的桌上遊戲、超級多的洋娃娃、大型人偶等……滿足大人小孩的口味。人氣指數很高，也被稱為世界上最吵的博物館。

1 女王藝廊
2 卡爾頓山&尼爾森紀念碑
3 St Margaret's loch天鵝趣
4 North Bridge可眺望遠方的卡爾頓山

　　順著路走，遇到North Bridge右轉，可前往**卡爾頓山**，從North Bridge眺望兩旁的景色。而卡爾頓山設置了一個尼爾森紀念碑(Nelson Monument)，是紀念獲得勝利的特拉法加海戰，還有一座仿自雅典神殿的建築物，國家紀念堂(National Monument)當時為了紀念拿破崙戰役中死亡的戰士所建造，但由於經費問題，至今未完工，並不是被炸毀的遺跡喔。在卡爾頓山不僅可欣賞愛丁堡市區景色，也可以眺望至福斯河Firth of Forth這麼遠。

　　往市區沿著王子街(Princes Street)走，可抵達**史考特紀念塔**，高塔是為了紀念愛丁堡出生的作家史考特(Scott)而建立。登上塔樓約300個階梯且可觀看王子街景色，也是世界上最大的作家紀念塔。

蘇格蘭國家美術館是愛丁堡的第一間美術館，館內珍藏蘇格蘭、歐洲各國藝術家的佳作而聞名，包括拉斐爾、丁托列托、高更等……作品，值得前往參觀。

王子街花園(Princes Street Garden)位於王子街旁，可以漫步在花園內，欣賞著對岸的愛丁堡城，沿著路走，爬上山岥及階梯即可抵達愛丁堡城及蘇格蘭圍巾工廠。

草地市集(Grass Market)是以前當地最大的市集，也是以前執行死刑的地方，現在酒吧與餐廳林立，有很多特色商店。

回去旅館前，用衛星導航尋找附近的超市購買糧食，想不到被我們找到**ASDA**，號稱英國最便宜的超市，逛完ASDA，心滿意足，因為真的很便宜。建議大家在英國想買乾糧，可從ADSA下手，但大城市很難找到它，大都只有**TESCO**、Sainsbury、Marks and Spencer。

買圍巾小常識

一般羊毛(Lambwool)：
價格較平價，有2條£15、
2條£18。

高級羊毛(Cashmere)：
Johnstones的品牌2條£65，知名
品牌的代工工廠。
LYLE & SCOTT的品牌4條£100。
Royal Speyside Cashmere的品
牌4條£100。

愛丁堡有很多紀念品專賣店，大部分在販賣圍巾。很多都標榜著Made in Scottish，小心別買到假的。愛丁堡城堡旁有一間蘇格蘭圍巾工廠，裡頭販賣各式各樣商品。

Johnstones圍巾

蘇格蘭圍巾工廠

聖吉爾斯大教堂
St. Giles' Cathedral

✉ The Royal Mile, EH1 1RE

🕐 5～9月週一～五09:00～19:00，週六09:00～17:00，週日13:00～17:00。10～4月週一～六09:00～17:00，週日13:00～17:00

$ 免費捐款參觀

忠狗巴比
Greyfriars' Bobby

✉ 34 Candlemaker Row, EH1 2QE

The Elephant House

✉ 21 George IV Bridge, Edinburgh, Midlothian, EH1 1EN

愛丁堡軍事表演會場
Esplanade

✉ Castlehill, Edinburgh, Midlothian, EH1 2NG

荷里路德宮
The Palace of Holyroodhouse

✉ The Palace of Holyroodhouse, EH8 8DX

🕐 1～3月09:30～16:30。4～10月09:30～18:00。11～1月09:30～16:30

$ 全票£11，兒童票(6～17歲)£6.65

女王藝廊
The Queen's Gallery

✉ The Palace of Holyroodhouse, EH8 8DX

🕐 11～3月09:30～16:30。4～10月09:30～18:00

$ 全票£6.25，兒童票(6～17)£3.15。二合一票價(女王藝廊跟荷里路德宮)：全票£15.5，兒童票(6～17歲)£8.8

http www.royalcollection.org.uk

人民故事博物館
The People's Story Museum

✉ 163 Canongate Tolbooth, Royal Mile, Edinburgh, EH8 8BN

🕐 週一～六10:00～17:00，8月週日12:00～17:00

$ 免費參觀

愛丁堡博物館
Museum of Edinburgh

✉ 142 Canongate, Royal Mile, Edinburgh, EH8 8DD

🕐 週一～六10:00～17:00，8月週日12:00～17:00

$ 免費

兒童博物館
Museum of Childhood

✉ 42 High Street, Edinburgh, EH1 1TG

🕐 週一～六10:00～17:00，週日12:00～17:00

$ 免費

卡爾頓山
Calton Hill

✉ Calton Hill, Edinburgh, EH7 5AA

🕐 隨時

$ 免費

史考特紀念塔
Scott Monument

✉ Scott Monument, Edinburgh, EH2 2EJ

🕐 4～9月10:00～19:00，10～3月10:00～16:00

$ 參觀£4

蘇格蘭國家美術館
Scottish National Gallery

✉ The Mound, Edinburgh, EH2 2EL

🕐 週五～三10:00～17:00，週四10:00～19:00

$ 免費

草地市集
Grass Market

✉ Edinburgh, Midlothian, EH1 2HH

http www.grassmarket.net

Edinburgh ASDA

✉ 100 The Jewel, Edinburgh, Scotland, EH15 3AR

1 草地市集
2 蘇格蘭國家美術館
3 特色商店
4 愛丁堡書下美麗的句點

品嘗蘇格蘭威士忌的酒莊之旅

達夫鎮 Dufftown
格蘭菲迪 Glenfiddich

因佛尼斯

威廉堡

　　今天早上手錶時間7點半起床，手機的時間因為會自動調為當地時間，已經是早上8點半了。啊！！時間快了一個小時，啊！！原來是復活節(Easter Day)，所以當天時間變快一個小時。

　　計畫趕不上變化，本來打算12點前抵達格蘭菲迪酒莊的，出門時已經9點囉。從愛丁堡到因佛內斯開高速公路只要三個小時。但從愛丁堡直奔酒莊要三個半小時才會到，因為是開鄉間道路，從酒莊到因佛尼斯路程是一個半小時。由於出發延遲，又逢復活節，深怕酒莊公休，但來到蘇格蘭一定要參拜威士忌酒莊，所以就衝了！

在高地開車會有處處驚奇的興奮

　　復活節代表春天的到來，所以今天的天氣很好，道路兩旁的景色開始有春天的氣象。
我們知道來蘇格蘭高地，一定要瞧瞧傳說中的高地牛(Highland Cow)。我們的車開在鄉
間道路上，所以一路上風光明媚，兩旁不時出現成群的羊咩咩。過沒多久，我們大聲尖
叫，啊……看到了高地牛囉！有黑的、土黃色的，詢問過牧場主人，願意讓我們參觀，只
要不餵食、不觸摸、不驚嚇牠們。我們見到了剛生出來的高地牛，小小隻的、頭沒有長
角。成年的高地牛，頭上有長角且毛髮非常的長，長到遮住了眼睛。

　　緊接著繼續上路，想不到愈往北開，兩旁的山居然積雪很深，遠處山上的雪被照得
如此雪白，路旁的小溪居然都結冰了，此時窗外是零下2度。開著開著居然到了滑雪場。
哇！！這3小時內，眼前的景色變化多端。我們一起討論著，幸好是開車旅行，幸好有去酒
莊且開鄉間小路。

1 路上美景
2 高地牛
3 哇！這種景色太美了，Edison
　又瘋狂的拍照紀錄
4 開心的拜訪高地牛，Edison
　要來找你囉

3

1 免費品嘗威士忌，Edison
　貪杯囉，等等要開車哨
2 格蘭菲迪威士忌酒莊
3 Edison可是做足了威士
　忌功課，才前來朝聖的啊

來蘇格蘭一定要拜訪酒莊

抵達了格蘭菲迪，看到停車場滿滿的車，就知道今日酒莊無公休。詢問後才知道原來參加威士忌之旅(Classic Tour)是免費的，參觀時間約1小時，其中有影片觀賞、及帶你參觀威士忌的製作、參觀橡木桶的製作及聞酒香，還可以免費品嘗12、15、18年的威士忌。全程免費，真的很棒，當然還有付費行程(10英鎊的Explorers' Tour、75英鎊的Pioneers' Tour)行程，推薦給愛酒人士。蘇格蘭最有名的**格蘭菲迪酒莊**，一定要來喔！

格蘭菲迪酒莊
Glenfiddich

✉ The Glenfiddich Distillery,
Dufftown Banffshire, AB55
4DH, Scotland
🕐 每天09:30～16:30
http www.glenfiddich.com/uk/
distillery

製作威士忌基本過程

威士忌製作前，把麥芽浸泡熱水等待發芽，接著烘乾、磨碎、再從麥芽中萃取糖分，接著加入酵母進行發酵後，產生芳香物質，利用蒸餾機萃取的威士忌，存放於雪利酒桶，經調酒大師進行調配，接著裝瓶就可以出售。

發芽　→　發酵　→　蒸餾　→　熟成　→　調配
　糖化　　　　　　　　　　　　　　　　　↓
　　　　　　　　　　　　　　　　　　　裝瓶

擁抱 自然 因著開車，我們有好多意外的 動物相處時光

羊駝

高地牛

綿羊

松鼠

擁抱自然，與羊駝親密互動的歡樂時光

走訪私房羊駝牧場

羊駝(Alpaca)，又叫駝羊，生長在高原的群居動物，是高緯度動物，適合生長溫差變化大的地方。由於台灣溫差小，商人引進羊駝作為娛樂目的，但台灣天氣太熱，造成羊駝生長環境不佳，每隻外觀都不可愛，毛都掉光了。

記得在紐西蘭開車自助旅行時，路邊有遇到羊駝，但當時沒有停下來拜訪，只有拍照。所以這趟英國行，特別規畫了拜訪羊駝的牧場。這一個牧場名為Gilmour Bank Alpacas，位於蘇格蘭洛赫梅本(Lochmaben)山區，沒有對外營業，是針對有興趣的朋友提供羊駝牧場之旅。建議前往拜訪者，可先Email聯絡確定拜訪時間。

我們抵達時，女主人熱情的歡迎，帶我們到牧場不同的區域看羊駝每一個生長階段。牧場主人將牧場分成六個區域，一群6～8個月大的羊駝、一群懷孕的羊駝、一群是當爸爸的羊駝、一群沒有懷孕的女生羊駝、一群年輕男生羊駝，還有被單獨細心照顧著的生病羊駝。女主人帶我們跟6～8個月大的羊駝互動玩抱抱，我們好開心好興奮啊！好驚訝的是這裡的羊駝毛茸茸的，毛髮茂密健康，而且一點點臭臭的味道都沒有，好可愛喔！

牧場主人細心照顧，每隻羊駝都有名字

這牧場約有80幾隻羊駝，女主人很驕傲的跟我們說著每一隻都有自己的名字、故事，跟完整的記錄。連交配生出來的小孩都記錄得超詳細。整個活動的過程中還有3隻可愛的西莎小狗會跟隨著你。牧場女主人仔細的說明羊駝適合生長的氣候、環境，關於我們詢問的羊駝問題，她也一一解答得很詳細，這可真是一趟很充實的羊駝之旅。女主人也很自豪的向我們展示羊駝的毛製品，全是她手工製作的耶，且很便宜，值得購買。最後女主人還邀請我們到她家聊天，招待我們喝熱呼呼的英國茶，配上英國最有名的奶油小酥餅，熱情款待讓我們超感動！最後我們互留信箱保持聯絡，離開了讓人開心的牧場。

羊駝牧場
Gilmour Bank Alpacas

✉ Lochmaben, Lockerbie,
　 Dumfriesshire, DG11 1RW
🕐 預約免費參觀
http www.gbalpacas.co.uk

1 跟羊駝互動，哇～羊駝抱起來真的好舒服唷
2,3 羊駝的英姿
4 熱情的牧場主人，幫忙拿漢堡巴士布條協助拍照，但羊駝難掌控啊
5 牧場主人家好大唷，熱情招待的英國茶、奶油小酥餅

駕車遊高地，拜訪路邊的高地牛牧場

想參觀就下車詢問吧！

高地牛(Highland Cattle)，原產於蘇格蘭高地，以長毛和長角為特徵。有紅、黑、黃、暗褐、雜色等顏色。開車於蘇格蘭高地時，路邊時不時會出現高地牛。只要你停下車來，詢問高地牛牧場是否可以拜訪，英國人很熱情，通常會跟你說。隨你看，只要不餵食、不撫摸、不去驚嚇就可以。

6 高地牛牧場
7 悠閒的高地牛
8 剛生出來的高地牛
9 剛好是高地牛產季

Edison開在鄉間小路，遇到美景動物，說停就停，開車真是太方便了

英國綿羊大不同

靦腆的羊咩咩，高地的比較不怕生喔

英格蘭的牧場大部分都有用鐵絲搭圍欄，保護羊群，避免羊群跑到馬路上。在英國駕車旅行，常常會被羊群吸引而停車拍照，然後漸漸發現，每次看到的羊群，都長的有點不一樣。靠近市區的羊群，警覺性較高，通常較難靠近。而駕車往蘇格蘭時，會看到更多的羊群喔！

越往高地的羊群，越不怕人，可以在圍欄邊靠近的拍照，仔細的看看羊，有很多品種，真的都長得不太一樣喔，我們有看到四角羊 (Jacob Sheep)，這種羊頭上通常有2～6個角，

1,3 每一個長的都不一樣
2 蘇格蘭黑臉羊
4 四角羊

身上有黑白斑點，通常都是四個角，所以叫做四角羊。駕途中最常看到的是英格蘭黑臉羊 (Scottish Blackface Sheep)，是英國養殖率較高的種類。然而在湖區的牧場有些沒有圍牆，駕車在湖區時，小心羊出沒。在傍晚時，幸運的話可以看到羊兒餵食秀喔！

公園餵鴿不稀奇，餵松鼠超開心

約克的小松鼠超級落落大方的啦

在英國的公園常出現的動物是鴿子、加拿大鵝、鴛鴦，常常會看到當地英國人，手拿一整條吐司在餵食。記得前往湖區時，買一條吐司去享受湖邊餵食樂趣，會有一整群天鵝追著你要食物吃，場面浩大，超好玩。

公園的松鼠是較不容易發現，且不容易親近的動物。約克最令我們印象深刻的，是拜訪博物館花園(Museum Garden)前先去超市買一包堅果。到公園時，哇～好多小松鼠在我們面前跑來跑去，我們超興奮的——是松鼠，松鼠耶！好酷喔！而且松鼠不怕生，只要手拿堅果蹲下安靜的等待，小松鼠就會慢慢靠近，並且把我們手上的堅果拿走！有的會立刻啃起堅果來，有的會把堅果拿去後，先挖土把堅果藏起來，然後再跑來跟我們要堅果，這種可愛的畫面真的很難得！真的超好玩！

5 Edison用盡辦法，引誘松鼠過來
6 餵食秀
7 啃堅果ing

一探尼斯湖水怪傳說

因佛尼斯 Inverness　　　　威廉堡　　　格拉斯哥

奧古斯塔斯堡 Fort Augustus

地圖標示：
Old High Church
蘇格蘭自由教會 (Free Church of Scotland)
B865 Academy St
火車站
超級市場 (Marks and Spencer)
維多利亞市集 (Victorian Market)
Muirtown St
Celt St
B862 Bank St
Fraser St
Queensgate
Church St
Union St
Baron Taylor's
Inglis St
Hamilton St
Queen St
Greig St Bridge
Balnain St
Greig St
King St
Huntly St
High St
主要街道
Drummond St
Bank Ln
B861 Castle St
High St
匯豐銀行 (HSBC)
聖瑪麗天主教教堂 (St. Mary's Catholic Church)
因佛尼斯博物館&美術館 (Inverness Museum and Art Gallery)
Attadale Rd
Perceval Rd
Kenneth St
Fairfield Rd
Duncraig St
A82
Bridge St
Montague Row
Planefield
King Huntly St
超級市場 (Metro Tesco) 可消費停車2小時
B861 Young St
Alexander Pl
Ness Walk
B862 Castle Rd
遊客中心 (Tourist Information Centre)
Ardconnel St
Montague Row
A82 Tomnahurich St
Kenneth St
Ardross Pl
蘇格蘭裙製造參觀中心 (Scottish Kiltmaker Visitor Centre)
因佛內斯城堡 (Inverness Castle)
往奧古斯特堡
Ardross St
Id View

1

2

3

4

酒莊參觀完後，立即前往英國最北的城市，因佛內斯(Inverness)，此時下午5點多，天空依舊明亮、太陽高照。路途中我們又是停停開開，巧遇路邊的牧場主人剛好放飯，遇到羊咩咩餵食秀。而路旁愈來愈多高地牛，所以一直停車拍照。抵達因佛內斯已經晚上6點半，到了旅館Check in後，先到市區晃晃。我們站在尼斯河(River Ness)望著對岸的**因佛內斯城堡**(Inverness Castle)、Inverness old High Church……等，感覺心很平靜，深深覺得這一趟旅行是值得的。想不到晃到晚上8點，天空居然還是亮的，此時我們才意會到，我們幸運的遇到夏令時間。

因佛內斯城堡以前是行政軍事中心，現今為高等法院，所以不對外開放。而城堡由紅磚所建造，值得前來欣賞。城堡外有一個銅像，是蘇格蘭女英雄芙羅拉·麥克唐納(Flora MacDonald)，畢生致力於蘇格蘭獨立，為了紀念她而建立。

因佛內斯城堡
Inverness Castle

✉ 41 Castle Street, Inverness, IV2 3EG

1 因佛內斯城堡
2 羊咩咩餵食秀
3.4 尼斯河美景

平靜的尼斯湖，果真藏水怪？

在因佛內斯住了一晚後，隔天是英國的Easter Monday，也就是國定假日(Bank Holiday)，所以一早起床，因佛內斯市區沒有什麼人潮，我們打算花半個小時稍微逛一下。但市區停車要收費，我們把車停在Tesco Metro，只要不要超過2小時就不收費，但前提是要去Tesco Metro消費一下，避免麻煩事上身。我們在市區又遇到1英鎊的商店，店內賣的東西都以1英鎊為主且便宜。

今日主要的景點是尼斯湖(Loch Ness)，記得把油加滿再出發！從因佛內斯市前往尼斯湖(Loch Ness)，可開A82公路。沿路畔著尼斯湖，開車途中遇到左邊有「P」的告示牌，表示前方左側有供遊客暫時停車的服務，所以我一直停下來，欣賞湖上美景。而且英國人開車非常的快，這個「P」的告示牌也可以當作靠邊停讓他們超車的地方。

A82公路上的**尼斯湖展覽中心**，有介紹尼斯湖及尼斯湖水怪的圖片或影片。展覽中心旁的商店是免費參觀，裡頭販賣許多關於尼斯湖水怪的商品。另外在公路A831上，有尼斯湖水怪遊客中心，位於Loch Ness Lodge Hotel旁邊。

大家睜大眼睛，可別錯過尼斯湖水怪喔！

我們在尼斯湖展覽中心約停留半個小時後，前往奧古斯塔斯堡，它是尼斯湖南邊的小村莊，路程約1小時。抵達停車時，原本要收費的停車場，居然有個規定，5月之後算是旺季才正式收費，開心之餘居然看到一大群銀髮族開的車全是同一個款式的敞篷跑車，少說有15輛，排列整齊的準備離開，景象壯觀！

在奧古斯塔斯堡可以花一些時間搭船遊尼斯湖，也許會遇到傳說中的尼斯湖水怪唷！

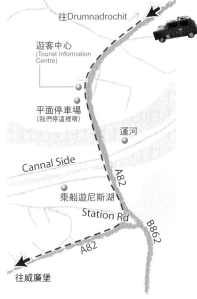

往Drumnadrochit

遊客中心
(Tourist Information Centre)

平面停車場
(我們停這裡唷)

運河

Cannal Side

乘船遊尼斯湖
Station Rd

A82

B862

A82

往威廉堡

尼斯湖展覽中心
Loch Ness Exhibition Centre

✉ Drumnadrochit, Loch Ness, Inverness～shire, IV63 6TU

🕐 3～6月09:30～17:00。7～8月09:30～18:00。9～10月09:30～17:00。11～2月10:00～15:30

$ 全票£6.95，兒童票(7～16歲)£4.95

尼斯湖水怪遊客中心
The Loch Ness Monster Visitor Centre

✉ Drumnadrochit, Loch Ness, Inverness-shire IV63 6TU

1 尼斯湖展覽中心
2 搭船遊尼斯湖
3 高地牛可愛的招牌
4 沿途風光
5 尼斯湖
6 超美麗的尼斯湖景色，就算沒看到尼斯湖水怪也值得囉

3 4   5

6

前往尼斯湖前先把油給加滿

因為山區很少有加油站。記得第一天我們進到因佛內斯市區前，有看到一家加油站，今天早上卻花了半小時找不到，後來問人才找到一家規模較小的加油站ESSO。哇～在山區加油真的很貴，1公升144.9便士，我們昨天看到的是1公升134.9便士，差了10便士，油隨便也加了10公升，就差了1英鎊囉，20公升就2英鎊，可以拿來買兩瓶牛奶了。所以勸大家在高地、湖區開車旅遊時，有看到加油站，價格便宜就先加滿，避免找不到加油站或油很貴的問題。

陪哈利波特上學！蒸汽火車水泥橋

威廉堡 Fort William　　　格拉斯哥　　　格雷特納・格林

往大型超級市場
(Morissons)

火車站

小型超級市場
(Tesco)

Parade Rd

Bank St

Fassifern Rd

Dudley Rd

Middle St

A82

Victoria Rd

西高地博物館
(West Highland Museum)

乘船口

Fassifern Rd

Hill Rd

Fassifern Rd

Cameron Rd

Union Rd

Travelodge
(我們住在這裡唷)

High St

Argyll Rd

路邊停車場
(我們停在這裡喔)

往格拉斯哥

1 蘇格蘭黑臉羊
2 巧遇高地牛
3 突擊隊紀念碑
4 格倫菲南水泥高架橋
5 威廉堡街景

　　延續水怪的傳奇之旅，我們接下來要去找哈利波特裡那條開學日都會坐蒸汽火車，以及蜿蜒過蒼林的高架水泥橋，所以出發前往威廉堡(Fort William)。

　　途中經過一個**突擊隊紀念碑**，是紀念第二次世界大戰突擊隊而建立的，廣場超大且景色超美，很多旅客會在那邊停留休息。而我們發現旁邊有羊群，於是我們拿著相機衝去。哇！那是有長角的蘇格蘭黑臉羊(Scottish Blackface Sheep)，長的有點像是紐西蘭的Merino(之前去紐西蘭一直沒近距離拍照)，我們超興奮的，羊居然不怕生，在那邊乖乖的吃草讓我們拍照耶！

小火車穿梭在風景秀麗的蘇格蘭高地

開車旅途中因為美景就一直停留，所以時間就一直Delay，哈哈。真的要趕緊前往威廉堡Check in再說，明明只要開A82這條道路就可以抵達到，但我們前方的道路怎麼愈開愈窄，該不會衛星導航亂報路吧？後來發現是我們輸入錯的地址(Post code：PH33 7LY)，但方向沒錯，兩條都是平行的道路，我們走的道路比較窄，A82比較寬。因為這一條B8004小條且窄，但讓我們看到更不一樣的風景，因為我又遇到了一群高地牛，景色更多變。後來發現在英國開車，高速公路跟寬廣的道路無法體驗開車樂趣，唯有鄉間小徑才是王道。抵達了威廉堡的Travelodge，市區停車場免費且臨著林尼湖(Loch Linnhe)，景色超美。

旅館Check in後，立即前往《哈利波特》拍攝的**格倫菲南水泥高架橋**，哈利波特就是坐蒸汽火車經此水泥高架橋去霍格華茲魔法學校喔！水泥高架橋位於格倫菲南水泥紀念塔(Glenfinnan Monument)旁，車程約40分鐘，抵達時快4點半，趕緊詢問一下火車資訊，才知道傳說中的蒸汽火車每年5月才開駛。但平日還是有一般火車會通往水泥高架橋。我們只好從Glenfinnan爬山約15分鐘抵達高處，等待5點時，看看火車經過水泥高架橋的美景。

補充一下，Glenfinnan Monument這裡停車是只要付2英鎊可以從早上停到4點半，幸運的我們，4點半後不用付停車費。欣賞完火車美景回家囉，回程時看到遠方的山有冒黑煙，結果抵達旅館時發現，對岸的山上正大火燒著，這不就是傳說中的火燒山嗎？

突擊隊紀念碑
The Commando Memorial

➡️ 從奧古斯塔斯堡往威廉堡走，開A82，遇到B8004時，有個超大廣場即到達

格倫菲南水泥高架橋
Glenfinnan Viaduct

✉️ Glenfinnan, Inverness-shire, PH37 4LT
🕐 3/23～10/31 10:00～17:00
💲 全票 £3.5

濃厚的藝文氣息與聖者色彩

格拉斯哥 Glasgow　　格雷特納‧格林　　溫莎　　布萊頓

往洛赫梅本(羊駝牧場

聖蒙戈宗教生活藝術博物館
(St. Mungo's Museum of Religious Life & Art)

蘇格蘭展示中心
(Scottish Exhibition & Conference Centre)

A814 Clyeside Expy

A814 Stobcross St

Bath St

St. James Rd

Cathedral St

平面停車場
(我們停在這裡喔)

格拉斯哥大教堂
(Glasgow Cathedral)

West George St

West Nile St

Collins St

John Knox St

喬治廣場
(George Square)

市政廳
(City Chamber)

George St

Duke St

Finnieston St

Elliot St

Lancefield St

Hydepark St

Cadogan St

Argyle St

Brown St

James Watt St

Hope St

Union St

Mitchell St

Buchanan St

Ingram St

Queen St

Albion St

High St

格拉斯哥現代藝術館
(Gallery of Modern Art)

中央車站
(Central Station)

Jamaica St

Argyle St

匯豐銀行
(HSBC)

Stockwell St

Trongate

A8 Saltmarket

Gallowgate

London Rd

A814 Anderston Quay

A814 Broomielaw

　　今天的行程很悠閒，就是從威廉堡開著車，欣賞路邊的風景，慢慢的開到格拉斯哥(Glasgow)。沿著A82道路開，路程約3小時就可抵達，沿路車速很快，為了欣賞美好的景色，我們一直把車開旁邊點讓後方的車先行通過。途中會經過很多國家公園，可以停下來欣賞跟休息。今天天氣依舊很好，駕著車沿湖就可以看到鏡子湖，湖面平靜且倒映山色及藍天，彷彿是一幅畫，超美！

　　公路上會看到小心羊出沒的警告標誌，我們總覺得警告標誌是假的，羊怎麼會跑出來咧，但今天的路旁卻有幾隻羊在旁邊吃草，所以我們又不自覺多按了幾次快門。而且開在道路上常常會看到屍體，

2

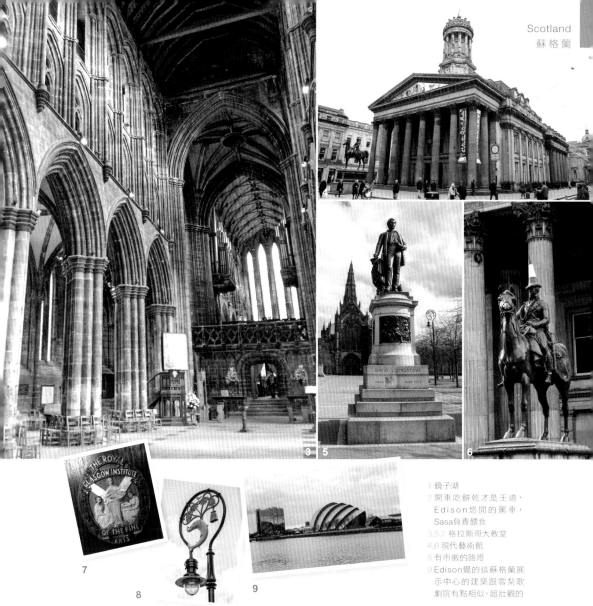

1 鏡子湖
2 開車吃餅乾才是王道，
 Edison悠閒的駕車，
 Sasa負責餵食
3.5.7 格拉斯哥大教堂
4.6 現代藝術館
8 有市徽的路燈
9 Edison覓的這蘇格蘭展
 示中心的建築跟雪梨歌
 劇院有點相似，超壯觀的

常見的就是鳥、野兔、松鼠，我們今天卻看到鹿的屍體，超大隻的，剛被撞到的樣子，但公路上不允許車子回轉，這是危險行為，所以就沒有回去看了。

　　到達了蘇格蘭的第一大城市也是第一大商港的格拉斯哥，由於上次在市區有找不到停車位的不好經驗，所以前天晚上做了功課，預先找了一家位於格拉斯哥大教堂(Glasgow Cathedral)旁的停車場，1小時1英鎊(市區12分鐘60便士，最多停2小時，也就是1小時3英鎊)，但停超過要罰60英鎊，為了保險起見，我們預估城市觀光3小時。

　　由於格拉斯哥的景點分布較廣，所以計畫由**格拉斯哥大教堂**做為起點，把熱鬧的市區給走一圈。我們發現路燈上的圖案就是格拉斯哥的市徽，圖案有知更鳥、橡樹、四方鐘、衛著戒指的鮭魚，表示格拉斯哥創建者聖蒙哥的四大神蹟：「鳥不飛、樹不長、鐘不響、魚不游」。

喜歡藝術文化的人，會愛上這裡

格拉斯哥大教堂是由高低兩個教堂所組合而成，幸運的逃過了中世紀的宗教革命摧殘保留至今，也是蘇格蘭僅有的中世紀大教堂。教堂內的氣氛超級莊嚴，地下室為格拉斯哥的守護聖人聖蒙哥(St. Mungo)之墓。注意喔，男生進到教堂得脫下帽子表示尊敬。

此城最熱鬧的地方位於喬治廣場(George Square)與Buchanan Street之間，廣場周圍很有多餐廳、咖啡店，位於廣場前的**市政廳**是維多利亞時期所留下來的建築物，內部由大理石、雪花石裝潢而成。每一個建築物都有它的歷史且獨特性。

徒步走在克萊德河(River Clyde)，可以欣賞到兩座特殊的橋梁，沿岸能看到很多不一樣的現代建築物喔！最讓我們驚豔的是**蘇格蘭展示中心**，其中有一個建築物名為克萊德禮堂(Clyde Auditorium)充滿科技感的現代化建築，它的外型正面長的很像一個海螺，側面又像可頌麵包，可說是格拉斯哥的地標之一。

這城市有很多博物館、美術館、畫廊，有些是免費的，像是**格拉斯哥現代藝術館**等。喜歡藝術的人，可以好好的細細品嚐這一個城市的文藝風情。

格拉斯哥大教堂 Glasgow Cathedral

- ✉ Cathedral Square, Castle Street, Glasgow, G4 0QZ
- 🕐 4～9月週一～六09:30～17:30，週日13:00～17:00。10～3月週一～六09:30～16:30，週日13:00～16:40
- 💲 免費

市政廳 City Chamber

- ✉ City Chambers, George Square, Glasgow, Strathclyde, G2 1DY
- 🕐 每日10:30、14:30提供免費導覽

蘇格蘭展示中心 Scottish Exhibition & Conference Centre

- ✉ Exhibition Way, Glasgow, G3 8YW
- 🕐 週一～五10:00～18:00，週六10:00～17:00，週日公休
- 🌐 www.secc.co.uk

格拉斯哥現代藝術館 Gallery of Modern Art

- ✉ Royal Exchange Square, Glasgow, G1 3AH
- 🕐 週一～六10:00～17:00，週日11:00～17:00
- 💲 免費

英國小情侶私奔結婚的勝地

格雷特納‧格林 Gretna Green　　　溫莎　　　布萊頓

　　前往英國的私奔結婚聖地，格雷特納‧格林，車程約一個小時，是蘇格蘭最後的小鎮，英格蘭早期未成年情侶都會私奔到這裡結婚，因而得名。這裡的商店販賣很多蘇格蘭相關的紀念品。有一個雙手交扣的建築物，表示是蘇格蘭跟英格蘭交界地標，這是一個很美很悠閒的地方。

格雷特納‧格林
Gretna Green

✉ Gretna Green Ltd, Headless Cross, Gretna Green, Scotland, DG16 5EA

🕐 4～5月09:00～17:30。6～9月09:00～18:00。10～3月09:00～17:00

💲 免費

🌐 www.gretnagreen.com

南海岸地區
Southern Coast

相較於倫敦的多雨多霧，陽光明媚、碧海藍天的南海岸，自然成為英國人的度假勝地……

江山與美人，你選哪一個？

溫莎 Windsor　　　布萊頓　　　哈德菲爾德村

前往布萊頓(Brighton)的途中，先前往溫莎(Windsor)觀賞堪稱世界最大的一座城堡，叫做**溫莎古堡**(Windsor Castle)，溫莎公爵「不愛江山愛美人」——為了愛情毅然放棄王位的故事，使這裡平添幾分浪漫纏綿的色彩。

從劍橋至溫莎車程約一個小時抵達。抵達時首先又是停車的問題，往古堡方向開，停車費居然一個小時3.5英鎊。我們沒有停，隔一個路口的Barry Avenue，居然是1小時1英鎊，很便宜。停好了車沿著High Street往溫莎古堡前進，想不到今天是平日，卻有超多的遊客、學生戶外教學。

往伊頓學院
(Eton College)

Chapter Mews

遊泰晤士河
(French Brothers)

Barry Ave

River St

Thames Ave

The Cloisters

便宜的路邊停車區
(我們停在這裡喔)

Goswell Rd

Bridgewater Terrace

B3022

溫莎皇家購物中心
(Windsor Royal Shopping)

Thames St

溫莎皇家車站
(Windsor Royal Station)

溫莎古堡
(Windsor Castle)

Goswell Hill

Peascod St

往布萊頓

王室最愛的浪漫行宮

古堡的外觀非常壯觀，座落在古堡旁的是泰晤士河，岸邊有一群群的天鵝、鴛鴦，場面浩大。可搭船**遊泰晤士河**，欣賞河岸景色與溫莎古堡的美景。

溫莎古堡是世界上仍有君主居住的最大城堡，歷史超過900年，對外開放分為上中下三區。

城堡上區 Upper Ward

國家外交廳(The State Apartments)，是皇室宴客的餐廳、每個房間都有皇室珍藏的藝術品。還有女王交誼廳(Queen's Ballroom)、滑鐵盧廳(Waterloo Chamber)、謁見廳(Audience Chamber)。瑪麗皇后的娃娃屋(Queen Mary's Doll's House)，是喬治五世為了紀念瑪麗王后而做，每樣物品和實物以1:12製成，所有的用具皆以真材實料所製成，真的木頭與銀飾，甚至是真實的排水系統喔！

城堡中區 Middle Ward

被玫瑰花園圍繞的圓塔(The Round Tower)，站在山丘可俯瞰泰晤士河。登基50週年紀念花園(Jubilee Garden)，也是城堡戶外活動的場地。

城堡下區 Lower Ward

聖喬治禮拜堂(St. George's Chapel)，哥德式建築且以彩繪玻璃聞名，週日不開放、是皇室舉行婚禮的地方(2005年查爾斯王子和卡蜜拉的婚禮)，也是皇室的著名陵寢。

除了古堡，還有**溫莎皇家車站**也是一去處。車站內的裝潢和擺飾保存的很好，有古色古香的服務台，車站內有Windsor Royal Shopping，有很多餐廳、商店、紀念品店，約花1～2小時在這附近店家逛逛。

3

溫莎古堡 Windsor Castle

- ✉ Windsor, West Berkshire, SL4 1NJ
- 🕐 1～2月09:45～16:15。3～10月09:45～17:15。11～12月09:45～16:15。公休日請上網查詢
- 💲 全票£17.75、兒童票(5～17歲)£10.6
- http www.royalcollection.org.uk
- ⁉ 城堡不能攝影

遊泰晤士河

- http www.boat-trips.co.uk

溫莎皇家車站 Windsor Royal Station

- ✉ 5 Goswell Hill, Windsor, SL4 1RH
- 🕐 週一～六08:00～18:00，週日11:00～17:00
- http www.windsorroyalshopping.co.uk

1 溫莎古堡
2 Windsor Royal Shopping
3 Edison跟Sasa凡去過的地方不只留下照片，還硬要摸摸看

倫敦人的濱海度假勝地

● ● ● ○ ○

布萊頓 Brighton　　哈德菲爾德村　　坎特伯里

往哈德菲爾德村

Morley St

Circus St

North Pl

Barrack Yard

A2010 Queen's Rd

Tichborne St

Gardner St

Regent St

North Pl

A23 Marlborough Pl

Nelson Row

Portland St

Jew St

Bond St

New Rd

Church St

NCP停車場
(我們停在這裡唷)

William St

John St

鐘樓●

Windsor St

North St

超級市場
(99p Store)

布萊頓博物館&美術館
(Brighton Museum & Art Gallery)

Edward St

A2010 West St

超級市場
(Poundland)

Ship St

● Premier Inn
(我們住在這裡唷)

Old Steine

Prince's St

Dorset St

George St

Dorset Gardens

Duke St

North St

皇家行宮
(Royal Pavilion)

Boyce's St

Prince Albert St

East St

Castle Square

St. James's St

Middle St

Ship St

巷道區
(The Lanes)

A23 Old Steine

Steine St

Manchester St

Charles St

Broad St

Madeira Pl

South St

市政廳
(Town Hall)

East St

A259 King's Rd

海洋生物館
(Sea Life Brighton Centre)

Madeira Dr

布萊頓摩天輪
(Brighton Wheel)

布萊特碼頭
(Brighton Pier)

今天晚上居住的地方是布萊頓。相較於多霧多雨的倫敦，布萊頓是碧海藍天，所以成為倫敦人的度假勝地、後花園。從溫莎至布萊頓車程約一個半小時。途中果然陰雨綿綿，抵達布萊頓時，太陽重現，撥雲見日。下午5點居然還豔陽高照。

旅館Check in完後，帶著相機，前往附近的**皇家行宮**。外觀有如印度宮殿，頂著大大小小的洋蔥屋頂，內部的擺飾巧妙的將濃濃的中國風和歐洲建築融為一體，可窺知當時王室對東方文化的崇尚。可惜內部無法拍照，但可以欣賞到當年富麗堂皇的大廳、宴會廳及國王房間等……

皇家行宮 Royal Pavilion

✉ 4-5 Pavilion Buildings, Brighton, BN1 1EE

🕐 10～3月10:00～17:15。4～9月09:30～17:45。10/24日14:30～26日公休

$ 全票£10.5。兒童票(5～15歲)£5.9

享受藍藍的天與海景

　　來布萊頓可安排一天住宿，享受海邊樂趣。布萊特碼頭(Brighton Pier)舊名是皇宮碼頭(Palace Pier)，從布萊特海灘延伸到海上，前半部為小吃攤及零食店、紀念品區，後半部是建於海上的室內娛樂場、戶外的大型遊樂園。

　　可於碼頭海邊散步、曬太陽、或是搭乘布萊頓摩天輪(Brighton Wheel)觀賞一整個布萊頓海景。碼頭邊的巷道區(The Lanes)，是昔日漁村狹窄彎曲的街道，現今變成時尚精品店、特色小店，已成為布萊頓主要的購物區。

1 巷道區
2 皇家行宮
3 鐘樓(Jubilee Clock Tower)
4 布萊頓摩天輪(Brighton Wheel)
5 布萊頓碼頭
6,7,8 街景
9 聞香而來，Edison決定買一個
　來吃看看，果然大受Sasa好評

市區的旅館往往沒有所屬停車場

抵達布萊頓時，我們先到市區的Premier旅館Check in，結果因為旅館位於市區所以沒有附設停車場……慘！附近停車場一天要25英鎊，幸好Premier Inn有給折扣，變成18.8英鎊。停車費真的滿貴的，但這在市中心，也找不到便宜的停車場，所以旅館還是別找的太靠近市區，停車是一個大問題(市區寸土寸金、旅館通常沒有停車場，不然就是要收費，例如Premier Inn(Quayside)地下停車場，停一天7英鎊)。

在小熊維尼故鄉重拾童心

哈德菲爾德村 Hartfield　　坎特伯里

哈德菲爾德村地標
High St
Church St
B2026
公車站
小熊維尼專賣店
(Pooh Corner)
免費停車場
(我們停在這裡唷)
Newtons Hill
Jib Jacks Hill
往小熊維尼
丟樹枝的橋

小熊維尼的作者米恩(Alan Alexander Milne)的故鄉，位於哈德菲爾德村。以前總以為小熊維尼是美國的卡通，到了這裡才知道，小熊維尼起源於英國。

把車停在**小熊維尼專賣店**的門前，路旁沒有畫黃線可以免費停車，可徒步參觀哈德菲爾德村。

小熊維尼專賣店是已有300年歷史的老房子，外觀十分可愛，就像走進了童話故事書裡喔！走進房子裡面，地板還會發出老舊的聲音。裡面全部都是小熊維尼的商品，讓人愛不釋手。肚子餓了，屋子裡正烤著香噴噴的司康，別忘了專賣店有販賣下午茶及點心，每到用餐時間是人滿為患，想在可愛的屋子裡用餐，記得早點來唷！

接著開車往前小熊維尼丟樹枝的橋，路途注意樹上有羅賓人像唷，不要以為那是鬼嚇到了。記得要撿一些樹枝，抵達橋時可體驗一下小熊維尼丟樹枝的遊戲。附近也有一些小熊維尼的故事場景可以前往參觀。

小熊維尼專賣店
Pooh Corner

✉ High Street, Hartfield, East Sussex, TN7 4AE

🕐 週一～六09:00～17:00，週日、國定假日10:30～16:30

$ 免費

http www.pooh-country.co.uk

小熊維尼丟樹枝的橋
Pooh Bridge

➡ 從小熊維尼專賣店沿著道路B2026約開2公里，注意右手邊有一個道路，立牌寫著Chuck Hatch Lane，右轉順路開，第一個右轉就是停車場，步行至橋約20分鐘

POOH BRIDGE

1 小熊維尼專賣店
2,3 哈德菲爾德街景
4,5,6 小熊維尼丟樹枝的橋，體驗丟樹枝
7,8 前往途中，克里斯多福‧羅賓在樹上

英國最大的朝聖聖地

坎特伯里 Canterbury

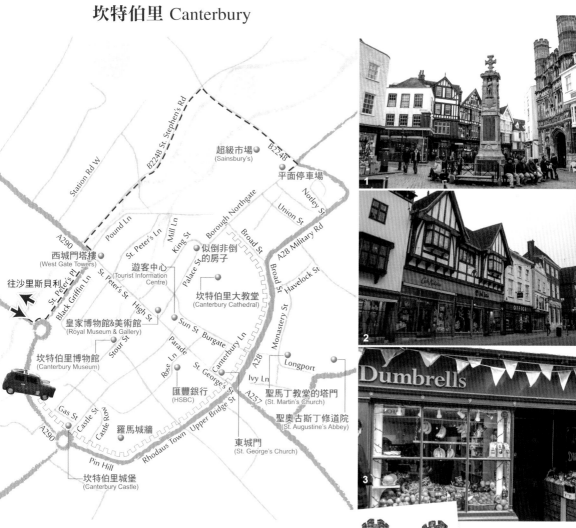

超級市場 (Sainsbury's)
平面停車場
西城門塔樓 (West Gate Towers)
往沙里斯貝利
似倒非倒的房子
遊客中心 (Tourist Information Centre)
坎特伯里大教堂 (Canterbury Cathedral)
皇家博物館&美術館 (Royal Museum & Gallery)
坎特伯里博物館 (Canterbury Museum)
匯豐銀行 (HSBC)
Longport
聖馬丁教堂的塔門 (St. Martin's Church)
聖奧古斯丁修道院 (St. Augustine's Abbey)
羅馬城牆
東城門 (St. George's Church)
坎特伯里城堡 (Canterbury Castle)

今天最終目的是坎特伯里(Canterbury)，從維尼村出發車程約一個半小時。此時卻來個大塞車，不知前方的路發生了什麼事，整整塞了一個小時，最後使出殺手鐧，走捷徑(往住宅道路鑽)、更改路線繞遠路，果然奏效。抵達坎特伯里約下午4點鐘，找了市區外圍的停車場，位於Northgate Street上，停車費1小時1英鎊(市區1小時1.3英鎊)。

4

5

一口氣看3個世界文化遺產

　　沿著Northgate Street往市區走，即可抵達**坎特伯里大教堂**，是英國國教總部，且是大主教托馬斯‧貝克特遭暗殺的地方。

　　教堂從地底下的諾曼風格，到早期哥德樣式、中期哥德樣式風格，可一次體驗。教堂旁的皇家博物館&美術館(Royal Museum & Gallery)、坎伯特里羅馬博物館(Canterbury Roman Museum)也是收費參觀。

　　除了坎特伯里大教堂，**聖奧古斯丁修道院**與旁邊英國最古老的聖馬丁教堂(Church of Saint Martin)，是坎特伯里三處於1988年列入世界文化遺產的地方，都值得一訪。

1,2,3 街景
4 聖馬丁教堂的塔門
5 東城門
6,7,8 坎特伯里大教堂
9 聖奧古斯丁修道院

怪異的小城，房子好像要塌了

　　這座城市的街道上，總會有一些奇怪的裝飾品吸引你的目光，例如怪異的梁柱和飾品。而且這裡的房子都很特別，不是蓋得歪七扭八的，就是房子二樓比一樓蓋得還外面、三樓比二樓蓋的還更外面，其中有一個**似倒非倒的房子**很特別，很像就快倒了，大門還是斜的。

　　市區裡有平日市集，是購物的好地方。建議大家可花個半天輕鬆的探索坎特伯里。另外，坎特伯里跟約克有點類似，就是城市外圍都有城牆遺跡，可順著城牆繞一圈，欣賞城內外風光。城牆是古羅馬時代興建的，有二千多年的歷史。坎特伯里城堡(Canterbury Castle)是英國第一座石造城堡，以鵝卵石、燧石建成，有3～4公尺厚，曾是監獄，後來也曾是私人產物。

　　我們晚上住宿的旅館Travelodge，位於坎特伯里西邊高速公路旁的。抵達時發現今天晚上好像住在森林裡面的樣子，周圍都是高大的樹木跟鳥叫聲。

坎特伯里大教堂
Canterbury Cathedral

✉ Canterbury Cathedral, The Precincts, Canterbury, CT1 2EH

🕐 夏季09:00～17:30，冬季09:00～17:00，週日12:30～14:30

$ 全票£9.5，兒童票(18歲以下)£6.5

http www.canterbury-cathedral.org

聖奧古斯丁修道院
St. Augustine's Abbey

✉ Canterbury Cathedral, The Precincts, Canterbury, CT1 2EH

🕐 3/29～9/30每天10:00～18:00。10/1～11/3週三～六10:00～17:00。11/4～3/31週六～日10:00～16:00。12/24～26、1/1公休。參觀前請上網查詢

$ 全票£5，兒童票(5～15歲)£3

http www.english-heritage.org.uk/staugustinesabbey

似倒非倒的房子

✉ 28 Palace Street, Canterbury, CT1 2DZ

1 房子梁柱和外牆
2 街景
3 好像要倒掉又不會倒的房子
4 Edison這大力士居然把它給推倒了，嘿嘿嘿！

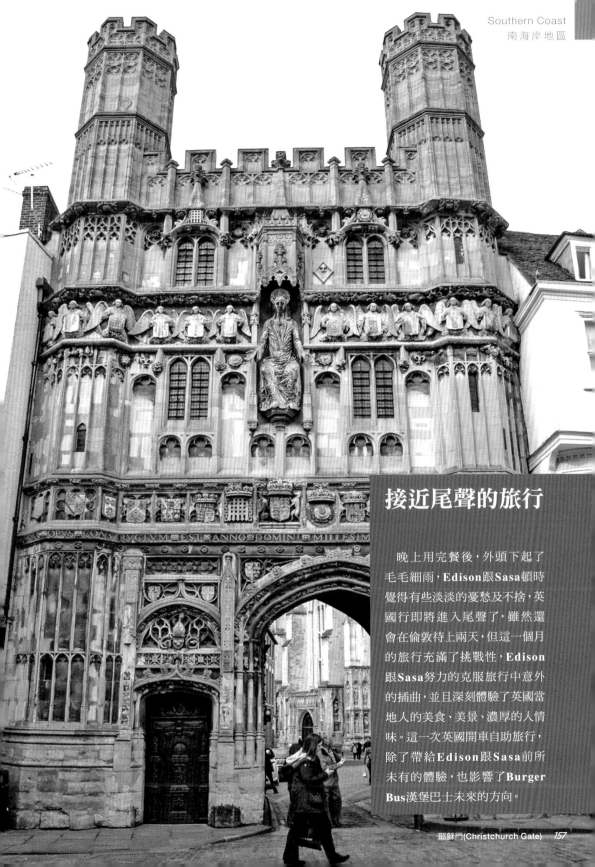

接近尾聲的旅行

晚上用完餐後，外頭下起了毛毛細雨，Edison跟Sasa頓時覺得有些淡淡的憂愁及不捨，英國行即將進入尾聲了，雖然還會在倫敦待上兩天，但這一個月的旅行充滿了挑戰性，Edison跟Sasa努力的克服旅行中意外的插曲，並且深刻體驗了英國當地人的美食、美景、濃厚的人情味。這一次英國開車自助旅行，除了帶給Edison跟Sasa前所未有的體驗，也影響了Burger Bus漢堡巴士未來的方向。

Track 3
原來英國好好吃、好好買

別再說英國沒美食了，那是你沒跟對老師。本篇就由美食達人Edison跟Sasa帶路，讓你吃到經典菜、經典餐廳。另外Sasa要用女人敏銳的購物雷達，告訴你英國人愛用愛買的品牌……

THE UNITED KINGDOM

讓你食指大動的英倫美食

誰說英國只有炸魚薯條?小夫妻帶你一探道地美食、不吃遺憾的經典餐廳,顛覆你對英國食物的刻板印象!

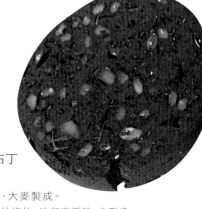

長度超長的**捲曲坎伯蘭香腸**
Cumberland Sausage

起源於坎伯蘭城,現為英格蘭的一部分,和坎布里為郡。傳統的坎伯蘭香腸全長50公分。一般它都以長圈的造型置於盤中,而現今的坎伯蘭香腸常被西坎伯蘭人以一種更易於捲曲的長度製作。

類似炸米血的**黑布丁**
Black Pudding

是用乾血、牛羊脂肪、大麥製成。Black是因為加了乾血的緣故。吃起來偏乾,有點像是台灣炸過的米血,只是米換成麥,並加了大量香辛料調味,單吃偏鹹。它大都附在蘇格蘭早餐內。

一定要試的
英式傳統菜

Cumberland |  | English Breakfast | Scottish Breakfast |

外型像水餃的**菜肉烘餅**
Cornish Pasty

是一種派餅,起源於康瓦爾郡,最早因為礦工進入礦洞之後,中午休息不能離開,便攜帶它作為午餐。D形的派餅殼(有點像餃子形狀)裡裝滿了牛肉、馬鈴薯塊、洋蔥、鹽和胡椒調味。超市或是派餅專賣店都有賣。

非吃不可的**英格蘭早餐**
English Breakfast

英格蘭早餐的英式香腸(Sausage)有濃濃的香料味,搭配爽脆的培根,及英國在地的烤豆(Baked Bean),炒蛋跟磨菇吃起來特別的多汁,酥脆的馬鈴薯配上有飽足感的吐司,超美味的!

遊高地必嘗的**蘇格蘭早餐**
Scottish Breakfast

燕麥粥是使用鮮奶搭配英式燕麥熬煮,享用時搭上些許蜂蜜,滿足大人小孩的心,特別一提的是黑布丁,香料味十足,口感有點像台灣的炸米血糕,但卻意外的好吃,多汁的炒蛋、磨菇,以及烤過的酥脆番茄,加上吐司薯餅,讓你整天活力滿滿。

剩菜變成英國美食的**牧羊人派**
Shepherd's Pie

家庭主婦為了處理吃不完的肉類而無意間研發出來的餐點,下層為絞肉,上層為馬鈴薯泥與起司,正統的牧羊人派使用羊絞肉,也就是名字的由來。

最受歡迎的外帶食物**炸魚薯條**
Fish and Chip

炸魚薯條源自1863年,被公認為英國最受歡迎的外帶食物,以麵糊裹魚去炸的魚排搭配炸薯條。最佳的賞味時機就是趁熱直接打開包裝紙來享用。並且加上鹽及麥芽醋(Malt Vinegar),才是英國吃法。我們喜歡加很多很多麥芽醋,這樣可以很快速的吃掉一大盤炸魚跟薯條喔,一點也不膩呢!

Shepherd's Pie | Jacket Potato | Scotch eggs | Cottage Pie

俗擱大碗的**穿著夾克的馬鈴薯**
Jacket Potato

將很大顆的帶皮馬鈴薯煮熟再剖開,內餡可放入奶油、起士、鮪魚、雞肉、特別醬料等等。我們最愛墨西哥辣醬(Chilli Con Carne)了,喜歡吃辣的人,你・一・定・要・選這個口味!墨西哥辣醬超麻辣,在英國很火紅喔!裡面有牛絞肉跟大紅豆,這種組合很特別,如果到英國吃漢堡想吃辣,也可以大聲的說:幫我加墨西哥辣醬!

http eat4less.eu

山寨版的牧羊人派──**農舍派**
Cottage Pie

跟牧羊人派雷同,只是用牛絞肉做成的派,也有人稱它為山寨版的牧羊人派。一樣是下層為絞肉,絞肉會先與特製的香料及配料炒過,再鋪上馬鈴薯泥與起司,放入烤箱,吃的時候可以用湯匙大力的往下挖,絞肉搭配著覆蓋牽絲起司的馬鈴薯,哇嗚〜有幸福的感覺!這料理隨處可見,超市或餐廳都有,記得品嘗唷!

有300年歷史的**蘇格蘭蛋**
Scotch eggs

用新鮮香腸肉擠出來的絞肉,中間包一個糖心蛋,外面裹上麵包粉形成一個圓球狀,下油炸的食物。製作過程可是很費工夫的,餐廳跟超市都有賣,看到絕對要吃吃看唷!

口味豐富的甜食Fudge
Fudge

英國著名的甜點，乳脂軟糖有點像台灣的牛奶糖，有很多口味可以選擇，有威士忌、檸檬、核桃巧克力、草莓。店內充滿各種甜甜的味道，聞起來就覺得很興奮，還可以觀賞製作過程跟試吃喔！

http www.fudgehouse.co.uk

Fudge及製作過程，推薦給喜歡甜點的女生，來英國一定要吃唷

滿足你第二個胃的甜點

Fudge | Shortbread | Scone | Snowcakes

英國傳統點心司康
Scone

以前是蘇格蘭人的快速麵包，現在為英國著名的傳統點心，也是英式下午茶的經典茶點，通常會搭配濃郁的英式濃縮奶油與草莓果醬，英國當地真的外酥內鬆軟，一點也不乾，超好吃，來英國真的必吃，別的地方吃不到相同味道喔！

茶餘飯後的點心蘇格蘭奶油小酥餅
Shortbread

蘇格蘭的傳統點心，由奶油、麵粉及糖製成。口感酥鬆，奶香味濃郁。市面上廠牌眾多，有的很甜吃起來很膩，由Walkers這品牌的奶油小酥餅是最有名且品質最好的，吃起來後勁有點鹹鹹的，會讓人一口接一口的一直吃！

一口接一口的超級零食雪球
Snowcakes

英國超市販賣的甜食，下層為小酥餅，上層是包著果醬的棉花糖，整個包著白巧克力與覆蓋椰子粉，一口咬下，驚奇無限！超市賣最低價1英鎊。

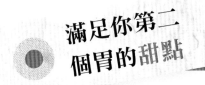

經典餐廳朝聖

超古老英式傳統餐
Rules Restaurant

我們來拜訪傳說中倫敦最古老的英式傳統餐廳囉！創業於1789年，據說是服務第一名的高級餐廳，不管是遊客還是英國人都很喜歡來此用餐，所以常常客滿，要用餐絕對要先訂位。

整個禮拜晚上的位子全被訂完了，我們前一天訂了中午的位子，一進門就有服務生幫我們把大衣掛起來，被帶入座後，深深的感受到濃厚的英國氛圍，整體為紅色的裝潢，牆上金碧輝煌的畫框及相框，訴說著意義非凡的歷史價值。菜單上每一道菜，全是英國傳統的英式料理，野味全部都是在餐廳所擁有的公園裡獵來的，十分新鮮喔！所以菜單會依季節而做調整，我們超想吃英國有名的烤兔子，可惜現在他們的公園缺兔子，所以點了牛排腰子派還有烤鴿子，並搭配很想吃的英國道地約克夏布丁，約克夏布丁不是甜點喔！很像空心的泡芙，是拿來沾牛肉汁，配牛肉吃的。

✉ 35 Maiden Lane, Covent Garden, London, WC2E 7LB
http www.rules.co.uk

1 Edison跟Sasa盛裝打扮來約會囉
2 Potted Shrimps
3 牛排腰子派(Steak and Kidney Pie)
4 Warm Chocolate Fondant
5 約克夏布丁
6 餐廳內部及擺飾

英國知名型男主廚傑米奧利佛
Jamie Oliver- Jamie's Italian

傑米奧利佛(Jamie Trevor Oliver)是英國著名的廚師與烹飪推廣家,餐廳開了許多家分店,在等待班機時,我們在Getwick機場裡的Jamie's Italian用餐,店裡的客人絡繹不絕,每位服務生忙進忙出的招呼。餐廳櫃台掛滿了許多大隻的風乾火腿,令人食慾大開。因為時間不多,我們點了經典的義大利手工牛肉堡,與野味兔肉清炒義大利麵,好吃到令人回味不停,有機會可以去品嘗傑米奧利佛開的餐廳,在不同地方有許多分店。

`http` www.jamieoliver.com/italian

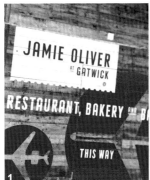

PUB的餐點最美味且不用服務費
All-Bar-One

英國連鎖酒吧,傍晚可見許多老外與朋友聊天小酌,可喝到各種口味的啤酒、紅酒、白酒,英國的酒,超·好·喝!非常非常順口!在PUB享用餐點比一般餐廳,價格親民許多,而且自在又舒服,還能吃到好吃又划算的超厚手工牛肉漢堡。

`http` www.allbarone.co.uk

1,2 店內擺飾
3 野味兔肉清炒義大利麵
4,5 超級美味的漢堡
6 飲啦!呼乾啦!
7 每天排隊Betty's
8 英式下午茶
9 Betty's的店內擺飾

體驗英國貴婦般的英式下午茶
English Afternoon Tea in Bettys Café

一般在下午3～5點之間吃的，內容是輕食組成。傳統上，將茶沖泡於茶壺，飲用時搭配牛奶、糖、檸檬，並與三明治、司康、其他蛋糕和派點一起享用。現今英式下午茶不分早上晚上也可以點來享用。

約克必吃有名的Betty's英式下午茶，傳統英式三層點心塔，吃的順序由下往上為鹹到甜，最下層是超鬆軟吐司所製的鮭魚、雞胸、沙拉三明治，中間層為英式最著名傳統的點心司康(Scone)，搭配草莓果醬與超香濃的英式濃縮奶油，最上層為蛋糕、藍莓塔與超好吃但價格不斐的馬卡龍。除了點心之外，下午茶還有包含一大壺的英國茶，配上一小壺牛奶、方糖跟檸檬片，可隨個人喜好調配茶的口味。哇嗚～好夢幻的下午茶唷！超推推推！一定要安排半天時間，享受下午茶時光喔！

✉ 6-8 St. Helens Sq, York, YO1 8QP
🌐 www.bettys.co.uk

好吃便宜的牛排連鎖店
Angus Steak House

倫敦有名的平價牛排連鎖店，大紅色的裝潢，十分顯著。在這裡可以吃到牛的各個部位，有牛臀、牛肋眼等等。這是有一天我們逛得又冷又餓又累之時，看著店門口令人垂涎三尺的大塊牛排火烤照片，決定走進來大吃特吃。整家店鬧哄哄的大客滿，幸好不用等，很快的被帶入座，各點一份牛排，還有炸薯條跟炸洋蔥圈，分量給得好大方，喜歡吃牛排的人，絕對要來享受一下。

🌐 www.angussteakhouse.co.uk

體驗英式咖啡店

英國人喝咖啡跟台灣人喝茶飲一樣，台灣的飲料店3步1家，英國的咖啡店也是如此，來英國時，別忘了體驗一下英國的道地咖啡店唷！而英國咖啡店，店家是不允許攜帶店外食物，咖啡店皆採半自助式，拿到咖啡後，可以依各人口味添加巧克力粉、肉桂粉及牛奶或糖。

EAT.

EAT.採用速食，方便外帶為原則，每天早上總是看到每個人手中有一杯熱騰騰的咖啡。在倫敦市區的門市眾多，有點像是台灣的早餐店。製作咖啡的快速程度，讓我們大大的佩服。

http www.eat.co.uk

CAFFE NERO

CAFFE NERO和星比克的環境相似，皆以人文為主題，CAFFE NERO以歐式外觀的義式咖啡店為主軸。英國當地人覺得CAFFE NERO的咖啡最好喝，連我們也這麼認為。

http www.caffenero.com

PRET A MANGER

PRET A MANGER意思是Ready to eat，在各大城市都看的到這一家咖啡店，主要以三明治、濃湯為主打。而且是唯一一家沒有販賣冰咖啡的唷！喝咖啡時，別忘了點一杯每日一湯來溫暖一下。

http www.pret.com

COSTA

COSTA以咖啡店為主，且提供烘焙咖啡豆的批發，各大超市皆看得到Costa的咖啡豆及罐裝咖啡，每個旅館飯店皆標榜使用Costa咖啡，引以為傲。

http www.costa.co.uk

走進超市，挖掘驚喜

英國連鎖超市，是最能了解當地食物的地方，英國超市賣的東西可說是應有盡有，每一種食物都讓人想嘗試，從現在起，請丟掉英國食物很難吃的老舊觀念。跟著我們走進超市，品嘗價格便宜且超好吃的食物。喜歡下廚的人到英國有福囉！我們超愛下廚的，所以我們超愛英國超市。

可以省大錢的1英鎊商店

99p Store、Poundland都是1英鎊的商店，裡面賣的東西很便宜，以牛奶來說，同樣價錢，這邊可以買到2公升的。很多1英鎊物品，例如：雪球(Snowcakes)、英式傳統蛋糕(類似台灣賣的磅蛋糕)、麵包等等這裡買很便宜，可以買來當作早餐變換一下口味也不錯。

多家平價路線的超市

Tesco、Asda、ALDI、Booths、The co-operative food、Sainbury's與Morrisons。

英國超市有分Express與Metro，Express的話，販賣很多現烤的麵包、還有琳琅滿目的三明治、通心麵及沙拉。Metro的話，比較大型的量販店，除了現烤麵包以外，還可以買到熱呼呼的烤雞、豬肋排或鹹派，甚至有販賣衣服跟家電。喜歡吃甜點的可以在超市買到色彩繽紛、好吃的甜點喔！可以試試英國道地且超綿超細緻的啤酒，啤酒的種類很多，在超市買啤酒價格比賣酒商店來的便宜。

逛逛高檔精緻超市

Waitrose跟Mark&Spencer是較有質感的超市，販賣的東西品質比較好，相對價格高一些。Mark&Spencer販賣的東西很廣，在Outlet看到Mark&Spencer的招牌，別以為是超市喔！其實是一家百貨公司。在超市內讓我們驚訝的是，食用香草是一整盆的賣，哇！太棒了。

英國逛街購物指南

你一定要知道的當地人愛用品牌，還有一定要去撈好貨、撿便宜的Outlet。

Cath Kidston

這個品牌的由來，是因為英國的天氣變化多端，容易下雨，所以包包皆以防水為主，還有許多家庭用品、茶壺、茶杯、圍裙，圖案都以英國鄉村風為主，一系列的小花，讓當地婦女愛不釋手。

當地人最愛的 英國品牌

Ca...ld... | ...mark | Burberry | DAKS | Mulberry | Pau...

來英國就要買英國當地的品牌，價格絕對划算很多很多！

Primark

英國本土平價服飾，也有包包跟鞋子。

Mulberry

以一棵長滿葉子的桑樹圍標誌。是超過百年的老牌子，包包與皮件在歐美知名度相當高，講究質感與皮革結合時髦。

Burberry

由英國皇室命為皇家御用品牌，知名的騎士與馬是註冊商標。可買服裝、配件與香水。

DAKS

以駝色格紋著名，格紋與顏色較Burberry格紋小且深，高貴優雅。

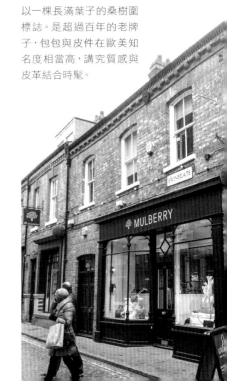

Accessorize

飾品專賣，也有鞋子、衣服跟
包包，具有強烈英國風與流行
感，是當地青少女的最愛。

Paul Smith

男性精品、皮夾與服飾。

Dunhill

英國著名的男性時尚品牌。

Superdry

歐美復古風，融合日系感，
堅持用手感極佳的綿料材
質。以衣服為主，在Outlet
價錢是台灣的一半價，千
萬別錯過。

在英國買Superdry衣服好便宜啊

Dunhill | Superdry | LUSH | Crabtree & Evelyn | Osprey London

LUSH

英國化妝及身體保養品
牌，強調手工天然，不含任
何化學色素。

Crabtree & Evelyn 瑰柏翠

Logo是英國土生土長的蘋果樹，以保養品為主，價格
略比台灣低，可多比較。

Osprey London

世界知名高級皮革製品，以手工製
作精緻男女皮包聞名。

到Outlet撈好貨、撿便宜

目前為此的旅行，我們總共去了4個Design Outlet：Oxford、Chester、Gretna、York，讓我們也漸漸的知道哪些是英國的品牌，有的台灣也許不知名，但卻是英國人愛用的品牌喔！

倫敦

Burberry Factory Outlet

這裡賣的Burberry雖然價格與Outlet相同，但款式比Outlet多。

✉ 29 - 31 Chatham Pl, London, Greater London, E9 6LP

🕐 週一～六10:00～18:00、週日11:00～17:00

跑去Burberry的工廠撿便宜

牛津

Bicester village Outlet

品牌最多且樣式最多，營業時間會隨著季節而改變，可以至網站確認所販賣的品牌與營業時間。

✉ 50 Pingle Drive, Bicester, Oxfordshire, OX26 6WD

🕐 週一～五10:00～20:00、週六09:00～20:00、週日10:00～19:00

http www.bicestervillage.com

契斯特

Chester Oaks Designer Outlet

英國占地最大的Outlet，開放式的戶外購物廣場，總共有100多家店圍繞著停車場，到契斯特逛古城，也別忘了到Outlet挖寶喔！

✉ Kinsey Road, Ellesmere Port, Cheshire, CH65 9JJ

🕐 週一～五 10:00～20:00、週六09:00～19:00、週日10:00～17:00

http www.mcarthurglen.com/uk/cheshier-oaks-designer-outlet

約 克

York Designer Outlet

約克的Outlet很像一個大型室內購物中心，裡頭賣超多名牌，雖然Edison沒有很懂，但還是撿了3英鎊的Nike Pole衫，超便宜的。

✉ Street Nicholas Avenue, Fulford, York, YO19 4TA

🕐 週一～三10:00～18:00、週四10:00～20:00、週五～六10:00～18:00、週日10:00～17:00

http www.mcarthurglen.com/uk/york-designer-outlet

格雷特納・格林

Gretna Gateway Outlet Village

每一個Outlet可以讓你花上半天好好的逛，不愛名牌的朋友也可以逛，裡面有賣廚具、英國茶、巧克力等等可以增廣見聞。

✉ Glasgow Road, Gretna, DG16 5GG

🕐 週一～日10:00～18:00

http www.gretnagateway.com

買便宜還可享退稅

我們的退稅經驗

離開英國前,要去牛津街(Oxford Street)退稅(Tax Fefund),我們有買一些親友團的禮物,且我們的國籍不是歐盟,所以可以退稅。退稅是離境前,在機場Check in前做的工作,可選擇現金退稅或是信用卡退稅。

因為英國倫敦機場退稅的人很多,聽朋友說之前在機場退稅居然等了2個小時,差點誤了班機。保守的我們知道倫敦牛津街的Money Exchange可以退稅拿現金且免收手續費,但超過1,000英鎊不受理、且不接受信用卡退稅服務。退稅拿到現金後,抵達機場,再把退稅的相關文件交給海關即可。少了排隊的問題。

想不到我們有一張退稅單上居然寫著no cash,表示得從信用卡退款。而且另有一張退稅單,購買期間超過兩個星期,無法在Money Exchange現金退款,只能在機場的Money Exchange辦理退稅。所以我們還是得早一點抵達機場,做排隊退稅的動作。所幸蓋維特機場(Gatwick Airport)退稅旅客不會太多,若回程是在希斯洛機場(Heathrow Airport),退稅還是要提早前往排隊喔!因為它是英國主要的國際機場,遊客會很多很多。

退稅小提醒

只要是非歐盟居民,離境前三個月內購買的商品可以退稅。

退稅常識

1. 當初購物結帳時,表明要辦理退稅,會拿到退稅用的收據,上面會列出退稅金額,結帳人員會要求付款人,在退稅單上簽名。並把退稅單放在信封內交給付款人。請妥善保留。

2. 退稅單上有一些基本資料先填寫好,可選擇退現金或是信用卡,地址填寫請填台灣地址,請用英文填寫。(郵政局網站有提供中文翻英文的查詢系統)

3. 辦理退稅時,得把相關文件給準備好:
- 護照:核對身分
- 信用卡:辦理退稅後,在歐盟出境前,到離境機場退稅櫃台取得郵票,然後寄出。通常交給海關人員即可。若拿到現金退稅款項,但沒完成此步驟,退稅費用會從信用卡中取回,且收取1.5倍。
- 退稅單:資料填寫完畢。

以上的簽名及填寫資料得為同一個人,且和護照、信用卡的資料也得相同。

若不想在倫敦機場排隊很久,可前往倫敦牛津街辦理退稅。

1. 牛津街退稅只退現金喔!
2. 若退稅單從購買日期算起,超過兩個禮拜是不受理的,得去機場退稅。
3. 有些退稅單規定只能信用卡退現唷!

牛津街退稅地址

Money exchange, 339 Oxford Street, London

牛津街的Money Exchange

機場退稅、別忘了要把退稅單寄出去唷

Track 4

用旅行賺取養分，
繼續走夢想的道路

來到英國前，我們的漢堡巴士舊店因租約到期，只能被迫停業。但如果不是這樣，我們也不會有機會停下來思考很多事，改變生活的既定方向……也許這樣的轉變看似意外，卻是為了要讓我們走上一條更好的道路。

第一家漢堡巴士停業時，
我們超級捨不得

> 當前方沒有路的時後，
> 不是走到盡頭了，而是該轉彎了。

在大英博物館前省察過去的經營方向

回台灣前，我們坐在大英博物館前，討論當初到英國的計畫和目的。我們原本在台灣台中開的那間Burger Bus漢堡巴士，以低價位的方式讓客人覺的漢堡巴士的產品物超所值，生意也不錯。為了保留住每一階層的客人，當時的漢堡巴士什麼都販賣。只可惜好景不長，當員工、營業穩定時，房東不願續租，眼看著租約到期，且找不到更大更好的地點時，心急的Edison跟Sasa只能被迫停業。當前方沒有路的時後，我們想……不是走到盡頭了，而是該轉彎了。我們開始想下一步該怎麼走下去，檢討過去的營業方式：

窮忙：以低價位搶客源，僅管生意很好，但員工卻累壞了，客單價低，來客數再多，利潤薄，只能用窮忙形容。

定位不清：漢堡巴士被定義成早餐店，有哪一家的早餐店有這樣子的裝潢？有這樣子的餐點？有這樣子的咖啡？我們的店內裝潢有特色，但卻賣低價位跟高價位產

品，以致於高單價產品滯銷。而且明明叫漢堡巴士，卻販賣各式各樣不相干的食物，有點不務正業，應該要以漢堡為主力，做出口碑。

環境窄小：半開放式廚房，炒麵導致店內油煙味濃厚，使得用餐品質下滑。夏天提供噴霧系統降溫，被誤認不衛生，沒有冷氣空調陪伴客人。店內空間小，客席只有24個且擁擠，無法提供良好用餐環境。

> 66 如果不放下，就無法跳脫慣性的思考，
> 替未來找到新格局……

在旅程中找到重新開店的靈感

■ 逛超商看食材，找尋和台灣不一樣的地方

到英國前，台灣有很多食物添加物、來源的問題。當時Edison覺得，經營餐飲要能長久，應該以食材為重，提供更安全更健康的食材。以當季的水果、蔬菜為重心。出國前，Edison為此買了一台冰砂機，天天打新鮮的果汁，因為在測試階段，常常不惜成本，但打出來的果汁卻沒有市售的好喝，有果渣。果渣是非常棒的纖維，但後來發現，外面市售的現打果汁之所以好喝，原因是濾掉果渣，並加了很多很多的果糖、砂糖，因為糖可以提味，且可以降低很多成本。另外，市售現打果汁牛奶之所以好喝，是因為加的牛奶根本不是純正鮮奶(有小牛標籤)，而是有添加物的人工牛奶，或是外觀有小牛標籤但內容物非純正鮮奶，成本超低。

Edison了解愈多，愈在乎食材的來源與經營者的良心道德。但是現打的果汁就算不惜成本、有良心道德，從Edison也怕民眾習慣了人工的果汁、果汁牛奶。但是到了英國，Edison和Sasa發現超市販賣著盒裝的水果，英國人強調水果的來源，不願花小錢買一些快要不行的水果。

超商還讓我們發現一些不同於台灣的趣味：英國的三明治居然在超市販賣，販賣的量超可怕的，小小的一個三明治，口味超多，根本是台灣7-11的3～4倍，且有販賣湯品，只要微波就可以食用。還有，想不到在台灣貴到嚇死人的香料、特殊生菜、香草、超市居然有賣一盆一盆的。讓愛做菜的Edison一直狂叫，我要有個廚房，我要變成英國帥氣主廚——傑米奧利佛！

逛著逛著，眼尖的Sasa發現超市居然有賣低鹽的番茄醬，還有配炸魚薯條的麥芽醋(Malt Vinegar)，以及英國才有的棕醬(Brown Sauce)，但這三樣東西，Edison從英國回台灣後，找尋不到，有點遺憾。

這種開眼界的方式，不禁讓Edison覺得模仿是學習最好的模範，如7-11學習國外的經驗模式，慢慢的提升自己。

超多的三明治

盒裝水果、看起來好好喝的湯、超棒的沙拉

超市賣的各種生菜、新鮮的巴西利、薄荷、羅勒，讓Edison尖叫連連

1 超好吃的低鹽的番茄醬
2 味道特別的棕醬
3 解油膩的麥芽醋

■ 拜訪觀摩當地連鎖咖啡早餐業者

英國的連鎖咖啡店，就是早餐店的代表，每天倫敦的街景都上演著：每人穿著大衣、手拿一杯咖啡的畫面，這就是道地的倫敦風。而英國連鎖店的咖啡好像不重視拉花這服務，而重視咖啡品質及口感。

咖啡店裡販賣著咖啡、冷食三明治、經過壓烤的麵包、濃湯、沙拉、燕麥粥等。這讓Edison想到，英國的麵包都經由壓烤機壓烤過，口感變得外酥內軟，若利用在漢堡上，應該是一個首創。

英國最知名的咖啡店，Edison跟Sasa天天朝聖觀摩

4 美味的燕麥粥，讓Sasa決定把它帶回台灣
5 壓烤過的貝果
6 特別的濃湯

7 經過壓烤機器，壓烤過的三明治，口味果然不同凡響
8 外酥內軟的口感，刺激了Edison的新想法
9 Edison在英國嘗遍每一家咖啡店的咖啡，受益良多

■ 湖區的民宿讓我們見識到英式的傳統早餐

英國最棒的食物,以豐盛的早餐著名。前往湖區遊玩時,所住的旅館為B&B(提供住宿及早餐),早上起床最開心的事,就是享用豐盛的早餐。早餐有提供英格蘭傳統早餐、蘇格蘭傳統早餐、素食早餐及超多水果的歐式早餐。這些早餐美味到極點。Edison偷偷的跟Sasa說,台灣有些餐廳有販賣類似的餐點,但餐點的內容物都不正統,只利用特殊餐點名稱而誤導消費者,我們若把這些餐點帶回台灣,讓台灣人知道什麼叫做英式的傳統早餐的話,是一個不錯的想法。

1,2 好好吃的英式傳統早餐
3 超級多水果的歐式早餐、吃素的人也有美味的早餐哨

■ 拜訪型男主廚傑米奧利佛的餐廳

傑米奧利佛(Jamie Oliver)是英國的知名廚師，Edison到英國前一直嚷嚷的說要拜訪他開的餐廳Jamie's Italian及Fifteen。所以在離開英國等待班機前，終於如願到Jamie's Italian朝聖——從客席陳設到半開放式的廚房，超現代化的點餐及親切的桌邊服務，讓Edison大開眼界，有了新的Idea。

身置華麗工業風的用餐環境，品嘗鮮嫩多汁的義式牛肉漢堡

■ 從小攤販到大餐廳，嘗遍國民美食炸魚薯條

來到英國就得嘗遍最正統的英國炸魚薯條，一般人的認知，英國除了炸魚薯條之外還是炸魚薯條。但英國的炸魚薯條從路邊的小攤販到餐廳皆有販賣。一般路邊攤販賣的炸魚薯條非常的簡單，僅用一張紙包著炸魚跟一堆的薯條，並讓客人自己淋上英國專屬的麥芽醋及鹽、胡椒，作用是解油膩。餐廳的炸魚薯條比較重質感，沒有提供麥芽醋，而是提供天然的切片檸檬取代。Edison決定要把餐廳式的炸魚薯條帶回台灣。

1 餐廳的炸魚薯條搭配天然的切片檸檬
2 路邊店家販賣的炸魚薯條，便宜且大分量
3 商場販賣的炸魚薯條

漢堡巴士的
進化史

" 漢堡巴士浴火重生

首創英式漢堡在台灣的台中誕生

走遍英國，玩遍英國，吃遍英國，Edison跟Sasa的腦子內充滿了無限的想法，與天方夜譚的想像，心中已經有了譜，打算回國後讓新的Burger Bus漢堡巴士以餐廳的模式經營，並以英式作為主打，推出一系列與英國相關的美味食物，與充斥在市面上的美式漢堡作為區隔——以英式漢堡為主，並以精緻且大分量的英式套餐為輔。

然而，回台灣後，找尋理想的店面是困難重重，餐飲業很容易被排斥而拒租，有些地點有排水排風限制無法改善，或是房東只願意簽1年租約，這對餐飲業來說都是很大的問題。我們從市區找到郊區，因緣巧合又回到之前營業的附近，而這次的經營方向採取餐廳模式，所要販賣餐點、價格、服務跟用餐環境跟之前的完全不同，這對Burger Bus來說是個挑戰，消費客群會縮小化，更需讓舊客人認同現在的經營模式，並努力增加來客數，讓更多人知道Burger Bus是一家以英式為主題的餐廳，也是英式漢堡、咖啡專賣店。

Before

Burger Bus以
全新的面貌登場

After

市面上店家販賣的商品都是鬆餅跟咖啡的組合、或是漢堡跟可樂的組合，但Burger Bus異想天開的想利用英式漢堡跟咖啡做結合，這靈感來自於倫敦街上，早上每個人手中一杯咖啡加上一個壓烤過的麵包。我們從英國市集帶回大型紀念品做為Burger Bus餐廳內部的布置，改造漢堡巴士之前的可愛街頭風，努力打造一個有質感、有氛圍、有英倫風的用餐環境。

Burger Bus現階段只跨出小小的一步，會更努力讓全台灣人都吃過Burger Bus所販賣的英式漢堡，我們會努力的，加油！

主推咖啡飲品，並從英國帶回英式摩卡

Burger Bus以英式套餐為輔，每個商品的有趣名字，皆來自於沿途踏遍的風光，像是「牛蜜歐遇上豬麗葉」、「尼斯湖水怪漢堡」……

壓烤過的英式漢堡

以壓烤過的英式漢堡為基底，堆疊出視覺及味覺響宴的超級大漢堡

183

英國 （個人旅行系列）

作者：吳靜雯

★分區詳細介紹英格蘭、威爾斯、蘇格蘭、北愛爾蘭熱
　門景點、美食餐廳、購物地圖等，吃買逛超方便
★精細的分區導覽地圖，及英國全圖、地鐵圖
★附贈英式下午茶、美食專題，體驗最道地的文化特色

搭地鐵玩遍倫敦 （世界主題系列）

作者：李思瑩/英倫懶骨頭

★適合想用地鐵玩遍倫敦的旅行者
★4條重量級地鐵線，搞定倫敦吃喝玩樂。21個
　重要地鐵站，玩家教你作倫敦通
★郊區+市區導覽，古堡公園血拼歌劇一網打盡
　倫敦精華

開始在英國自助旅行 （So Easy系列）

作者：李芸德

★年度銷售排行榜冠軍旅遊書系
★買票、打電話、搭車：圖片＋文字步驟圖解，保證教
　到會
★圖表大解析：英國簽證申請表、認識火車票、倫敦交
　通網、地圖、看懂巴士站牌、看懂路標

英國茶館小旅行 （So Easy系列）

作者：英倫老舖

★甜點迷絕對不可錯過
★以三層塔午茶館、特色餐廳茶館、鄉村下午茶
　三種午茶類型介紹14家特色茶館，作者旅居英
　國，實地走訪，分享每一間的店家資訊、餐點
　特色、裝潢設計、推薦餐點、品味心得
★午茶禮儀與文化

So Easy! 年度銷售排行榜冠軍旅遊書系

太雅帶你
放眼設計

身為太雅出版選題者，完全無法漠視今天中國城市蓬勃發展的藝術活動、激昂發聲的創作力、犀利精準的藝評、國際設計品牌與知名藝廊全數進場……在中文的世界裡，如果要獲知新潮深刻的設計創作情報，閱讀到精彩又觀點獨到的評論，必須習慣訂閱中國的雜誌，來自中國的「放眼設計」企劃與作者群是太雅最推崇的，讓這群設計前線的的觀察家帶領你穿梭在世界最美麗的角落！

聯名推薦

李根在 國立台灣科技大學工商業設計系專任助理教授

吳東龍 東喜設計工作室負責人

官政能 實踐大學副校長·工業產品設計學系教授

徐莉玲 學學文創志業董長

唐聖瀚 Pace Design 北士設計負責人

陳瑞憲 三石建築主持人

馮宇 IF OFFICE負責人

盧淑芬 ELLE雜誌總編輯

蕭青陽 設計人

聶永真 設計師

企│劃│方│向

在中國原名是「漫步設計,是根據《Design 360°》觀念與設計雜誌改編而來。每本書的城市（或國家），都是世界公認的設計之都或美學大國，內容涵蓋建築、動畫、工業設計、室內設計、平面設計、數位設計、時裝設計和其他行業，本系列可以成為設計院校師生、專業人士、生活美學愛好者不可或缺的優良讀物籍，通過這套圖書擴寬設計的意念和空間。

作│者│實│力

《Design 360°》雜誌是一本「亞洲主流設計雜誌」，以介紹國際先進的設計理念、獨特創意、傑出設計師，設計院校及設計資訊的設計類綜合雜誌。目前已擁有數萬名忠實讀者，成功跨越新加坡、澳大利亞、印度、中國等國家和香港、澳門等地區，更於2009年以來連續兩年榮獲「亞洲最具影響力設計大獎」。2011年白金創意獎首度與《Design 360°》雜誌聯手舉辦，邀請該雜誌的總編輯王紹強擔任評委，全程參與。該雜誌對於傳播世界最新設計理念、創意風潮不遺餘力，深受各界肯定。

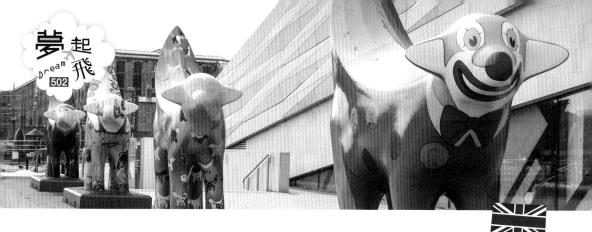

英國開車玩一圈

作　　者　Edison & Sasa

攝　　影　Edison & Sasa

總 編 輯　張芳玲

書系主編　張焙宜

編　　輯　徐湘琪

美術設計　蔣文欣

封面設計　賴偉盛

地圖繪製　余淑真

太雅出版社

TEL　(02)2882-0755　FAX　(02)2882-1500

E-mail　taiya@morningstar.com.tw

郵政信箱　台北市郵政53-1291號信箱

太雅網址　http://www.taiya.morningstar.com.tw

購書網址　http://www.morningstar.com.tw

讀者專線　(04)2359-5819 分機230

發 行 所　太雅出版有限公司

　　　　　台北市11167劍潭路13號2樓

　　　　　行政院新聞局局版台業字第五〇〇四號

印　　刷　上好印刷股份有限公司　TEL (04)2315-0280

裝　　訂　東宏製本有限公司　TEL (04)2452-2977

本書如有破損或缺頁，退換書請寄至：
台中工業區30路1號　太雅出版倉儲部收

初　　版　西元2013年12月10日

定　　價　350元

國家圖書館出版品預行編目(CIP)資料

開車英國玩一圈 / Edison & Sasa作.攝影.
-- 初版. -- 臺北市：太雅, 2013.12
　面；　公分. -- (世界主題之旅；502)
ISBN 978-986-336-020-9(平裝)

1.自助旅行 2.汽車旅行 3.英國

741.89　　　　　　　　　　　102019933

ISBN 978-986-336-020-9
Published by TAIYA Publishing
Co.,Ltd.
Printed in Taiwan

- (請沿此虛線壓摺) - - - - - -

這次購買的書名是：
英國開車玩一圈 (夢起飛 502)

* **01** 姓名：＿＿＿＿＿＿＿＿＿＿＿　　性別：□男 □女　生日：民國＿＿＿＿＿年

* **02** 市話：＿＿＿＿＿＿＿＿＿＿　　手機：＿＿＿＿＿＿＿＿＿＿＿＿

* **03** E-Mail：＿＿＿＿＿＿＿＿＿＿＿＿＿＿＿＿＿＿＿＿＿

* **04** 地址：□□□□□ ＿＿＿＿＿＿＿＿＿＿＿＿＿＿＿＿

05 你決定購買這本書的主要原因是：(請選出前三項，用1、2、3表示)
　　□題材適合　　　　□封面設計　　　　□內頁編排　　　　□內容清楚實用
　　□資訊豐富　　　　□價格合理　　　　□其他＿＿＿＿＿＿＿＿

06 你的旅行習慣是怎樣的：
　　□跟團　　　　　　□機＋酒自由行　　□完全自助　　　　□旅居
　　□短期遊學　　　　□打工度假

07 通常在一趟旅行中，你的購物預算是多少(新台幣)：
　　□10,000以下　　□10,000～30,000　□30,000～100,000　□100,000以上

08 你通常跟怎樣的旅伴一起旅行：
　　□父母　　　　　　□另一半　　　　　□朋友2人行　　　□跟團
　　□親子　　　　　　□自己一個　　　　□朋友3～5人

09 在旅行過程中最讓你困擾的是：(請選出前三項，用1、2、3表示)
　　□迷路　　　　　　□住宿　　　　　　□餐飲　　　　　　□買伴手禮
　　□行程規畫　　　　□語言障礙　　　　□突發意外

10 你需要怎樣的旅館資訊：(請選出前三項，用1、2、3表示)
　　□星級旅館　　　　□商務旅館　　　　□設計旅館　　　　□一般旅館
　　□青年旅館　　　　□民宿

11 你認為本書哪些資訊重要：(請選出前三項，用1、2、3表示)
　　□餐飲　　　　　　□景點　　　　　　□住宿　　　　　　□地圖
　　□行程規畫　　　　□購物逛街　　　　□貼心提醒　　　　□教戰守則

12 你有使用「智慧型手機」或「平板電腦」嗎？　　**13** 你會購買旅遊電子書嗎？
　　□有　　　　　　　□沒有　　　　　　　　　　　□會 □不會

14 你最期待旅遊電子書有哪些功能？(請選出前三項，用1、2、3表示)
　　□美食　　　　　　□景點　　　　　　□購物　　　　　　□交通
　　□住宿　　　　　　□地圖　　　　　　□GPS定位　　　　□其他＿＿＿＿

15 若你有使用過電子書或是官方網路提供下載之數位資訊，真正使用經驗及習慣？
　　□隨身攜帶很方便且實用　　　　　　□國外上網不方便，無法取得資訊
　　□電子工具螢幕太小，不方便閱讀　　□其他＿＿＿＿＿＿＿＿＿＿＿＿＿

16 計畫旅行前，你通常會購買多少本參考書：＿＿＿＿＿＿＿＿＿本

17 你最常參考的旅遊網站、或是蒐集資訊的來源是：

＿＿＿＿＿＿＿＿＿＿＿＿＿＿＿＿＿＿＿＿＿＿＿＿

18 你習慣向哪個旅行社預訂行程、機票、住宿、或其他旅遊相關票券：

＿＿＿＿＿＿＿＿＿＿＿＿＿＿＿＿＿＿＿＿＿＿＿＿

19 你會建議本書的哪個部分，需要再改進會更好?為什麼?

＿＿＿＿＿＿＿＿＿＿＿＿＿＿＿＿＿＿＿＿＿＿＿＿

20 你是否已經照著這本書開始操作?使用本書的心得是?有哪些建議?

＿＿＿＿＿＿＿＿＿＿＿＿＿＿＿＿＿＿＿＿＿＿＿＿

填表日期：＿＿＿＿＿年＿＿＿＿月＿＿＿＿日

(請沿此虛線裁剪)

讀者回函
掌握最新的旅遊與學習情報，請加入太雅出版社「旅行與學習俱樂部」

很高興您選擇了太雅出版社，陪伴您一起享受旅行與學習的樂趣。只要將以下資料填妥回覆，您就是「太雅部落格」會員，將能收到最新出版的電子報訊息！

填問卷，送好書
(限台灣本島)

凡填妥問卷(星號＊者必填)寄回、或傳真回覆問卷的讀者，即可獲得太雅出版社「生活手創」系列《一對》或《旅行》一本。活動時間為2013/11/01～2014/12/31。寄書以郵戳為憑，送完為止。

二選一，請勾選

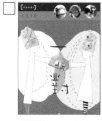

太雅部落格
taiya.morningstar.com.tw
太雅愛看書粉絲團
www.facebook.com/taiyafans

(請沿此虛線壓摺)

太雅出版社　編輯部收

台北郵政53-1291號信箱
電話：(02)2882-0755
傳真：**(02)2882-1500**
（若用傳真回覆，請先放大影印再傳真，謝謝！）

(請沿此虛線壓摺)

太雅部落格 http://taiya.morningstar.com.tw

有 行 動 力 的 旅 行 ， 從 太 雅 出 版 社 開 始

(請沿此虛線裁剪)